Santa Gema Galgani

Pe. Fernando Piélagos, cp

Santa Gema Galgani

Exemplo sublime de amor

Dados Internacionais de Catalogação na Publicação (CIP)
(Câmara Brasileira do Livro, SP, Brasil)

Piélagos, Fernando
    Santa Gema Galgani: exemplo sublime de amor / Fernando Piélagos;
[tradução Fernando Cardoso Ferreira]. – 2. ed. – São Paulo: Paulinas, 2010.
– (Coleção testemunhos de santidade)

    Título original: Santa Gema Galgani:la enferma de amor
    ISBN 978-85-356-1376-6

    1. Galgani, Gema, Santa, 1878-1903 2. Santos cristãos – Biografia
I. Título. II. Série.

10-06211   CDD-282.092

Índice para catálogo sistemático:

1. Santos: Igreja Católica: Biografia 282.092

2ª edição – 2010
2ª reimpressão – 2022

Título original da obra:
Santa Gema Galgani: la enferma de amor
© Edições Passionistas, Santa Maria da Feira, Portugal, 1997

Citações bíblicas: *Bíblia Sagrada*. Tradução da CNBB, 2002.

Direção-geral: *Flávia Reginatto*
Editora responsável: *Andréia Schweitzer*
Tradução: *Pe. Fernando Cardoso Ferreira, cp*
Copidesque: *Cristina Paixão Lopes*
Coordenação de revisão: *Marina Mendonça*
Revisão: *Sandra Sinzato*
Gerente de produção: *Felício Calegaro Neto*
Capa e diagramação: *Claudio Tito Braghini Junior*

---

*Nenhuma parte desta obra poderá ser reproduzida ou transmitida
por qualquer forma e/ou quaisquer meios (eletrônico ou mecânico,
incluindo fotocópia e gravação) ou arquivada em qualquer sistema ou
banco de dados sem permissão escrita da Editora. Direitos reservados.*

Paulinas

Rua Dona Inácia Uchoa, 62
04110-020 – São Paulo – SP (Brasil)
Tel.: (11) 2125-3500
http://www.paulinas.com.br – editora@paulinas.com.br
Telemarketing e SAC: 0800-7010081

© Pia Sociedade Filhas de São Paulo – São Paulo, 2004

SUMÁRIO

APRESENTAÇÃO 7

MENINA AINDA, PERDE SUA MÃE...................................... 11

EM IDADE DIFÍCIL 19

A AVENTURA DOS LIVROS... 25

"PEREGRINA DE HEROICA POBREZA" 35

OS MISTÉRIOS DE JESUS CRUCIFICADO 45

ACOLHIDA POR CARIDADE.. 53

GEMA É OURO PURO... 59

A CHAMA DO MEU CORAÇÃO 71

FLAGELOS E ESPINHOS.. 81

AMOR, SÓ PURO AMOR 89

ABANDONADA SOBRE A CRUZ... 97

"PARAÍSO, PÁTRIA MARAVILHOSA" 105

GLÓRIA E MISSÃO 109

ANEXO
   ORAÇÃO A SANTA GEMA GALGANI 117

   ORAÇÃO (Composta por Santa Gema)............................. 119

APRESENTAÇÃO

Ao narrar a paixão de Jesus, o evangelista Mateus escreve que "havia ao pé da cruz muitas mulheres" (cf. Mt 27,55-56). Entre as mulheres que ao longo da história estiveram ao pé da cruz, há Santa Gema Galgani, a mística da paixão, a Passiflora (a Flor da Paixão), como é chamada.

Gema não foi passionista de hábito, mas sim de paixão, de amor e de missão. Logo após sua morte, alguém colocou em seu peito o "emblema passionista". Gesto simples, porém acertado. Desejava ardentemente entrar para o mosteiro das monjas passionistas, mas, pela saúde sempre precária, não foi aceita. Em seguida, escreveria: "As passionistas não me querem acolher... e eu estarei com elas depois da minha morte...".

Ela era menina inteligentíssima e aplicada nos estudos. No colégio onde estudava, ganhou uma medalha de prata; no ano seguinte, foi contemplada com uma medalha de ouro. Possuía rosto oval, emoldurado por cabelos castanhos, olhos azuis "que externam uma constante expressão de doçura", olhar límpido e expressão penetrante. Por isso, um grupo de jovens italianos a escolheu como "a santa mais linda entre as santas" (miss santa).

Diante das dificuldades existenciais, encontrou no mistério pascal a fé, a força e a coragem para que lhe dessem um sentido à vida e a fizessem continuar a viver com amor. Deixou-se modelar por Jesus crucificado. Nele, procurou o "remédio" para viver o sofrimento e solucionar as dificuldades. Por isso, o Papa Paulo VI definiu-a como "a santa do mistério pascal", ou seja, uma mulher que soube ler, na Sexta-feira Santa, o Domingo da Ressurreição, a Páscoa.

Mistério pascal não é colocar a Páscoa depois da morte como se estivessem separadas ou aparecendo uma após a outra, sucessivamente, nem entender a morte como algo superado pela Páscoa. Em outras palavras, a Páscoa não é a superação da morte; a Páscoa não deixa a morte "para trás", como algo superado; porém é a revelação, a manifestação da morte. Páscoa é descobrir a vida que está no interior da morte. Assim como a vida está na semente. Mas, para que a vida brote, a semente deve morrer.

É isso que Gema viveu: descobriu na plenitude da morte a plenitude da vida. Esse é o dom mais precioso que alguém pode dar por seu semelhante. Quando alguém é capaz de dar a vida por seus semelhantes, é sinal de que vive em plenitude. Assim, o saber ler tudo isso na morte de Jesus é descobrir a vida pascal. O Crucificado, com efeito, é o Ressuscitado.

Ela se apaixonou por Deus e deixou-se seduzir por ele. Tornou-se uma mística tão "humana" que atrai mulheres e homens, jovens e adultos a uma vida de recolhimento.

"O cristão do terceiro milênio ou será místico ou não será cristão", escreve Karl Rahner. Ou seja, é uma pessoa que vive uma profunda experiência do Deus vivo, pois se deixa arrastar pelo ímpeto do seu amor. Deixa-se "seduzir", segundo Jeremias (cf. Jr 20,7), ou "conquistar por Cristo Jesus", de acordo com o Apóstolo Paulo, e "esquecendo o que fica para trás, lança-se em perseguição do que fica para frente, corre para a meta" (cf. Fl 3,7-14). Nessa corrida, "não pretende jamais se gloriar a não ser na cruz de Cristo Jesus" (cf. Gl 6,14). É o caminho traçado por Gema.

Em 2003, foi celebrado o primeiro centenário da morte de Gema. Mesmo após esse tempo, ela ainda é uma jovem atual, enigmática e cativante.

Procuremos ler com atenção sua biografia e peçamos sua intercessão a Jesus, para que nosso amor ao Crucificado se traduza em gestos concretos de misericórdia, justiça e paz em favor dos sofredores.

Pe. Giovanni Cipriani, cp
Coordenador da CLAP —
Família Passionista do Brasil

MENINA AINDA, PERDE SUA MÃE

Finais do século XIX

Situemo-nos no tempo e no espaço. Santa Gema Galgani não é uma personagem de ficção. Como todos os santos, viveu em uma época e geografia concretas, que devemos ter em mente para entendermos sua vida e sermos capazes de captar sua mensagem. Se houvesse nascido africana ou chinesa, talvez sua trajetória tivesse sido um pouco diferente. Mas é uma italiana que viveu no último quartel do século XIX e princípios do século XX, entre os anos de 1878 e 1903.

Gema nasceu em Camigliano. Mas... quem conhece esse local?

Camigliano é um pequeno povoado situado perto de Luca, no município de Capanore. O leitor conhece, por acaso, onde se situa Luca no mapa da Itália? Possivelmente não. Mas já ouviu falar, com toda a certeza, na torre inclinada de Pisa. Pois então esclareço: Luca fica situada a poucos quilômetros da célebre cidade de Pisa, e Camigliano situa-se a nordeste de Luca.

Nossa querida Gema nasceu no dia 12 de março de 1878. O Papa Pio IX faleceu no dia 7 de fevereiro, e o novo Papa, Leão XIII, foi coroado no dia 3 de março. O tempo de vida de Gema Galgani coincide quase fielmente com o pontificado do Papa Leão XIII.

De fato, ele começa seu pontificado alguns dias antes do nascimento de Gema Galgani e falece três meses após a partida da jovem deste mundo.

No mesmo ano do nascimento de Gema Galgani, que ocorreu em 1878, vivia em um pequeno povoado francês, chamado Alençon, uma menina de cinco anos, Teresa Martin, conhecida mais tarde por Santa Teresa do Menino Jesus. No mesmo ano, Bernardete Soubirous, a vidente de Lourdes, completava 34 anos, vindo a falecer no ano seguinte. Em 1878, Teresa de Jesus Jornet e Ibars, que povoou toda a Espanha de asilos para velhinhos, hoje canonizada, completava 35 anos. Viria a falecer em 1897.

Nesse mesmo ano de 1878, chegam à Espanha os primeiros missionários passionistas; em Roma, a Congregação Passionista, da qual Gema será posteriormente filha espiritual, celebra seu XXIII capítulo geral; o Pe. Germano de Santo Estanislau, que será o grande diretor espiritual da menina, leciona Filosofia e Teologia no convento de Santo Eutíquio (Viterbo, Itália).

O nascimento de Gema Galgani

No dia 12 de março de 1878, aproximadamente às 18h30, nasce em Camigliano uma linda menina, a quem será dado o nome de Gema Galgani. Seus pais, Henrique e Aurélia, recebem-na com enorme alegria, pois se tratava da surpresa da primeira filha, após o nascimento de quatro filhos varões.

A notícia corre célere entre familiares e amigos. Os avós paternos da menina, Carlos e Margarida, que viviam em Luca, ao tomarem conhecimento desse fato, deslocam-se imediatamente a Camigliano, levados pelo filho solteiro, o capitão Maurício, de 42 anos.

Os dois idosos vão cheios de entusiasmo! Uma netinha! Que alegria enorme! Nem cabem em si de contentes!

Henrique Galgani

Aurélia Landi

Chegam a Camigliano logo às primeiras horas do dia 13 de março. Vão conhecer a menina, cumprimentar os pais dela e assistir ao batizado, marcado para esse dia. Maurício, na qualidade de padrinho, é o responsável pela escolha do nome completo da menina: GEMA (porque era como uma pedra preciosa), MARIA (em honra da Virgem Maria), HUMBERTA (em homenagem ao novo rei da Itália, Humberto I), PIA (em honra do Papa Pio IX, recém-falecido). GALGANI é o sobrenome.

D. Aurélia Landi, mãe da menina, franze o cenho, um tanto cética: "Gema? Que ideia! Que nome esquisito! Não conheço nenhuma santa que se chame assim!". Talvez um dia ela venha a preencher essa falha, esse vazio... Foi essa, de fato, a previsão do Pe. Olívio Dinelli, pároco de Gragnano, que a Providência Divina confirmaria mais tarde.

A menina é batizada pelo pároco de Camigliano, Pe. Pedro Quilici, sendo-lhe posto o nome escolhido por seu padrinho.

Seu avô, Carlos Galgani, verte lágrimas de felicidade e pede orações às suas irmãs Carmela e Fosca, carmelitas em Borgonovo, que rejubilam com a notícia. Um mosteiro não é um lugar sombrio onde crescem ciprestes, mas sim uma espécie de sismógrafo que registra "os gozos e as esperanças, as dores e os problemas" (GS, 1) de toda a humanidade, e muito particularmente os da própria família.

A família Galgani muda-se para Luca

Henrique Galgani mostra-se felicíssimo pelo nascimento da filha, mas a felicidade não resolve todos os problemas. É preciso sustentar a família: Gema e mais três irmãos, porque o quarto, Carlitos, falecera com apenas sete anos. Eles precisam de comida e educação. Um Galgani tem de saber honrar seus antecessores! De fato, a família Galgani escreveu páginas brilhantes no exército italiano, na medicina (o avô e o bisavô de Gema foram médicos) e até na poesia. No altar do nascimento da igreja de S. João Batista, em Pescaglia, leem-se as seguintes palavras escritas pelo Côn. José Galgani, em honra da Virgem Maria:

> Virgem Santíssima, vivi sempre como teu devoto. Terei a certeza
> da minha salvação se teu nome aflorar aos meus lábios na hora

da minha morte. Que os meus restos descansem sob o teu altar, enquanto o meu espírito contempla, no céu, as tuas glórias!

Uma família com esses antecessores não poderia sequer imaginar que um único componente ficasse sem estudos! Como em Camigliano não havia escolas, Henrique Galgani muda-se para Luca com a família. Luca é outra coisa! Uma cidade histórica com muitos colégios e que oferece ótimas perspectivas para sua carreira de farmacêutico. A família Galgani instala-se, então, provisoriamente na rua Biscione, n. 13, onde terá de enfrentar a bancarrota. Esse fato será tratado com mais detalhes posteriormente.

Com efeito, o sr. Galgani abre sua farmácia, o que lhe permite pagar os estudos dos filhos e prover ao seu sustento. Entretanto, o casal tem mais três filhos: dia 14 de março de 1880, Antônio; dia 20 de setembro de 1881, Ângela; em 1883, nasce Júlia, a caçula e mais frágil dos irmãos.

"Dá-me a tua mãe?"

Após o nascimento de Júlia, tem início o duro calvário de d. Aurélia Landi, que vai definhando, consumida por uma terrível tuberculose. Na *Autobiografia*, Gema recordará mais tarde:

> Recordo-me que minha mãe, sendo eu menina de menos de sete anos, me segurava nos braços e, entre lágrimas e soluços, me dizia:
> – Pedi muito a Jesus que me desse mais uma menina. Embora tarde, ele satisfez o meu pedido. Estou muito doente e morrerei em breve... Se te pudesse levar comigo, tu virias?
> – E para onde iríamos?
> – Para o Paraíso, com Jesus...
> Recordo-me perfeitamente de que essas conversas com minha mãe me prendiam a ela tão fortemente que jamais desejaria separar-me dela, nem sequer ausentar-me do seu quarto.

O médico da família proíbe que os pequenos entrem no quarto da mãe, mas Gema transgride as ordens: "Para mim era inútil: não lhe obedecia! Todas as noites, antes de deitarmos, rezava com ela as orações da noite: punha-me de joelhos à cabeceira do leito e rezávamos juntas..." (*Autobiografia*).

Um dia, d. Aurélia prolonga as orações, e Gema queixa-se de que "eram demasiadas rezas e que, assim, não tinha mais vontade de rezar". Sua mãe, compreensiva, procura dali em diante ser mais breve em suas preces.

A saúde de d. Aurélia piora dia a dia. Gema não percebe o que está acontecendo, mas "alguém" começa já a pedir-lhe sacrifícios. No dia 26 de maio de 1885, ela recebe o sacramento da confirmação. Sobre isso, escreve na *Autobiografia*:

> Mamãe preocupou-se com minha preparação para receber este sacramento, mas eu, mazinha, não queria abandonar seu quarto, por isso a catequista tinha de vir à minha casa para me ensinar a catequese na presença de minha mãe doente. Após a cerimônia da confirmação, a pessoa que me acompanhava quis ficar para a missa. Entretanto, eu receava que minha mãe morresse sem me levar com ela. Durante a missa, rezei por minha mãe... De repente, uma voz como que me segredou ao íntimo do coração:
> – Gema, dá-me tua mãe?
> – Sim, se me levares com ela – respondi.
> – Por enquanto terás de ficar com o teu papai. Tua mãe, vou levá-la para o céu. Dá-me de boa vontade?
> Não tinha alternativa. Aceitei. Terminada a missa, regressei apressadamente a casa. Meu Deus! Cada vez que olhava para minha mãe, saltavam-me as lágrimas incontidamente.

Por temer o perigo de contágio e conhecendo a teimosia da filha, Henrique Galgani decide enviá-la para a casa dos tios maternos, Antônio e Elisa Landi.

Gema chega à idade de oito anos. De vez em quando, Henrique vai visitá-la e diz-lhe que a mãe está melhor. Por ser criança inocente, ela não percebe que o pai desvia dela o olhar triste, para esconder as lágrimas.

D. Aurélia Landi continua a definhar lentamente. Em um rasgo ardente de fé, pouco antes de falecer, desabafa sua dor com estas palavras: "Ofereço minha vida ao Senhor para que me conceda a graça de um dia abraçar todos os meus filhos no Paraíso". No dia 17 de setembro de 1886, entra na paz dos santos. Gema só sabe do ocorrido quando, ao regressar do funeral, sua tia Helena lhe comunica a notícia. Seus grandes e lindos olhos ficam rasos de lágrimas, que se tornam ainda mais abundantes quando, de regresso a Luca, encontra a casa vazia, sem a presença da mãe. Nem o sorriso afável de Júlia, nem as travessuras de Angelina, nem o espírito brincalhão de Antônio conseguem confortá-la. Nada nem ninguém pode ocupar o lugar de sua mãe!

Para tentar amenizar a dor da menina, o pai pensa que o melhor para ela é a retomada dos estudos. Gema, de fato, já havia começado a estudar sob a orientação das senhoras Mencacci e Bárbara Poli.

EM IDADE DIFÍCIL

Primeira Eucaristia

Com o objetivo de proporcionar o melhor para a filha, Henrique Galgani a matricula na escola das Irmãs Oblatas do Espírito Santo ou Religiosas de Santa Zita, mais conhecidas por Zitas. Sua fundadora, hoje Bem-aventurada Helena Guerra, é a professora de francês e inglês de Gema; as Irmãs Gesualda Petroni e Elisa Petri ensinam-lhe desenho e costura; a Irmã Júlia Sestini encarrega-se das demais disciplinas. A Irmã Camila Vagliensi a prepara para a Primeira Eucaristia. A menina Rafaela Luppi, que exerce seu apostolado junto das crianças e jovens, dá-lhe aulas de religião. Gema escreve na *Autobiografia*:

> Principiei a andar com as Zitas. Sentia-me feliz. Pedi-lhes para fazer a Primeira Comunhão, mas, perante minha maldade e ignorância, retraíram-se um pouco. Davam-me bons conselhos, mas eu ia-me tornando cada vez pior, embora sentisse um desejo crescente de fazer minha Primeira Comunhão. As Irmãs, verificando que meu desejo era, apesar de tudo, sincero e puro, decidiram satisfazer-me a vontade.
>
> As Primeiras Comunhões, no colégio, costumavam realizar-se no mês de junho. Pedi licença a meu pai para passar uns dias no convento, o que ele me negou. Mas eu tinha uma habilidade

infalível para conseguir de meu pai tudo o que pretendia: pus-me a chorar diante dele como uma Madalena e, na noite desse mesmo dia, consegui a licença pretendida.

Na manhã do dia seguinte, desloquei-me ao convento, permanecendo aí quinze dias. Mesmo longe da família, sentia-me imensamente feliz. Estando no convento, corria à capela para dar graças a Jesus pedindo-lhe que me ajudasse a preparar-me para minha primeira comunhão.

Gema nunca se esquece das palavras de sua mãe acerca dos sofrimentos de Jesus e pede à Irmã Camila para instruí-la melhor nessa matéria. Na *Autobiografia*, ela recorda o que acontece, certo dia, quando ouve falar da coroação de espinhos e da flagelação do Senhor:

Senti muita pena e compaixão. Em consequência disso, subiu-me a febre e tive de passar todo o dia seguinte de cama. As Irmãs avisaram meu pai, que veio ver-me imediatamente e não poupou repreensões a ninguém: a mim, à mestra e às demais religiosas do convento.

Chegou finalmente o dia tão ansiado. Na tarde anterior, escrevi a meu pai: "Querido papai, estamos na véspera de minha Primeira Comunhão, dia para mim de infinita alegria. Escrevo-te estas linhas para exprimir-te todo o meu carinho e para que peças a Jesus por mim. Peço-te perdão pelas minhas traquinices e desobediências, e que esta tarde esqueças tudo. Peço-te também a tua bênção. Tua filha, Gema".

Dia 17 de junho de 1887, sexta-feira, é a Festa do Sagrado Coração de Jesus. Gema levanta-se muito cedo e corre a receber Jesus Eucaristia pela primeira vez. Em outro trecho da *Autobiografia*, ela relata as emoções dessa data tão especial:

O que se passou entre mim e Jesus ainda hoje não sei explicá-lo. Jesus fez-se sentir à minha alma de uma maneira muito forte. E tive o ardente desejo de que aquela união se mantivesse para sempre. Cada vez me sentia mais cansada do mundo e mais amante do recolhimento. Naquela manhã, Jesus fez-me sentir o desejo de me consagrar totalmente a ele na vida religiosa.

Uma de suas colegas recorda que Gema, apontando para seu coraçãozinho de criança, lhe disse: "Sinto aqui um fogo que me abrasa. Tu não sentes a mesma coisa?".

Pedra de escândalo?

Passados aqueles dias de imensa alegria, Gema volta para sua casa. Aos nove anos é miúda, um tanto buliçosa e irrequieta; até na própria escola, como ela recorda na *Autobiografia*:

> Comungava duas ou três vezes por semana. Jesus fazia-me sentir cada vez mais a sua presença. Houve dias em que experimentei o dom de indizíveis confortos interiores. Mas rapidamente o abandonei: tornei-me soberba e era pedra de escândalo para todas as minhas colegas.
>
> Raro era o dia em que, na escola, não recebesse um castigo. Não sabia as lições e pouco faltou para ser expulsa. Em casa não deixava ninguém sossegado. Queria sair a passeio todos os dias e estrear belos vestidos. Papai fazia-me todas as vontadezinhas. Deixei quase completamente as minhas orações, embora nunca tenha deixado de rezar, todos os dias, três Ave-Marias com as mãos debaixo dos joelhos, para que Jesus me livrasse dos pecados contra a santa pureza.

Como verificamos, Gema atravessa uma idade difícil. É muito mimada pelo pai, tornando-se sua menina preferida. Ângela é pequerrucha, Gino tem problemas nas pernas e Antônio e Julinha têm saúde frágil. Ela, pelo contrário, tem os belos traços físicos de sua mãe: é vivaz, encantadora e muito bonita. Um jovem, natural de Porcari, povoação que Gema frequentava acompanhada do padrinho, Maurício, recorda-se:

> Gema, quando jovem, era muito linda, gorduchinha, bem desenvolvida, dotada de uma belíssima cabeleira recolhida em grandes tranças que lhe caíam sobre as costas. Vendo-a passar, não se podia ficar indiferente a tanta beleza.

Aos 21 anos, referindo-se sobre a época em que Jesus era todo o alento de seu coração, mostra certa tendência a exagerar seus defeitos infantis. Na *Autobiografia*, ela própria se atraiçoa ao recordar:

> Naquele espaço de tempo, correspondente a um ano, a única coisa boa que eu fazia era o exercício da caridade para com os pobres. Quando saía de casa, levava dinheiro comigo e, se meu pai não me desse, pegava farinha, pão ou outras coisas para dar aos pobres. Deus permitia que eu encontrasse sempre três ou quatro a quem podia socorrer. Aos que vinham bater à nossa porta, dava-lhes roupas e tudo o que me viesse parar às mãos. Quando o confessor me proibiu de dar coisas sem o conhecimento de meu pai, nunca mais o fiz. Esse fato fez com que se operasse em mim uma profunda mudança. Como meu pai não me dava dinheiro e eu também não dispunha de meios próprios, já não podendo socorrer os pobres que a mim acorriam suplicantes e chorando em grande número, acabei por começar a detestar vestidos e bagatelas, desprendendo-me, assim, das coisas mundanas.
>
> Essa mudança não agradou a meu pai nem aos meus irmãos. De um deles tive de suportar violentos insultos, pela simples razão de me levantar cedo para ir à missa. Jesus, nessa ocasião, foi minha força para sair vitoriosa daquelas situações.

"Não era o mesmo carinho de mamãe"

Gema retém na memória como que um grande álbum de tristes recordações da infância. Pouco depois da morte da mãe, falece o avô Carlos, no dia 4 de junho de l888, com quem tinha passado dias maravilhosos. Ele costumava levá-la consigo quando das visitas médicas que fazia aos doentes das vizinhanças de Porcari. Certa ocasião, foram surpreendidos por tão violenta tempestade que tiveram de pernoitar em casa da doente que visitavam, Carmina Lencione. Como sempre gostou de fazer o bem, esse pequeno contratempo foi para ela uma boa oportunidade de praticar a caridade.

Em 15 de março de 1890, falece, paralítico, seu tio e padrinho, Maurício, que anos antes tinha se casado com Josefina Martinelli, uma professora viúva e mãe de vários filhos.

No dia 11 de setembro de 1894, aos 18 anos, morre seu irmão Gino. Era o preferido de Gema. Rapaz de comportamento exemplar, estudava no seminário de Luca, preparando-se com muita dedicação para o sacerdócio. Uma terrível tuberculose, doença da época, põe termo à sua vida, como já o fizera com a mãe, d. Aurélia.

Todas essas mortes começam a pesar enormemente na vida de Gema, que se sente muito só. A natureza como que a põe de sobreaviso acerca de sua delicada compleição feminina. Sua mãe lhe fazia mesmo muita falta. Se ainda fosse viva, poderia ajudá-la a descobrir, interpretar e superar todos os novos fenômenos que se manifestavam em seu organismo ou afloravam em seu coração; mas tem de ultrapassar sozinha essa dura etapa da adolescência. Então, as tias Elisa e Helena passam a viver em sua casa. Serviçais e piedosas, fazem o que podem, mas não substituem a mãe querida. Isso pode ser visto na *Autobiografia*:

Eram boas e carinhosas, mas não tinham o mesmo carinho de mamãe. Levavam-nos à igreja e instruíam-nos nas coisas da religião. Entre meus irmãos, havia os melhores e os menos bons. Gino (falecido aos 18 anos) e Júlia eram considerados os melhores e mais queridos pelas tias. Os outros eram muito irrequietos e, por isso, menos bem atendidos, mas sem nunca lhes faltar o necessário. A pior de todos era eu! As tias estavam sempre me corrigindo, mas eu era respondona e altiva. As professoras apelidavam-me frequentemente de "soberba". Tinha, de fato, esse pecado, embora não me apercebesse bem disso. Muitas vezes pedia perdão deste meu pecado às professoras, às colegas e às minhas superioras. Quantas vezes não chorava a sós a minha desgraça!

Encantadora Gema! Considera-se "soberba", mas nem sabe lá muito bem no que consiste esse pecado! Que delicioso mar de inocência e sinceridade!

A AVENTURA DOS LIVROS

Como vimos anteriormente, Gema alude à sua vida escolar no colégio das Zitas. A Irmã Camila Vagliensi, intuindo seus maravilhosos dons espirituais, diz-lhe: "Gema, com quantos dons te prendou o Senhor!".

Sobre essa amizade, ela escreve na *Autobiografia*:

> Eu, que nada entendia, ficava muda. Por vezes, sentia uma enorme necessidade de uma palavra ou até mesmo de uma carícia da Irmã professora, e corria a procurá-la. Se ela se conservava séria, logo me caíam as lágrimas. Afeiçoei-me tanto a ela, que a chamava de "mamãe".

Não sabemos por que desígnios ocultos de Deus a Irmã Camila morre, e Gema novamente se vê desprovida de proteção materna.

"A soberba"

Outra professora recorda que Gema era considerada "orgulhosa" pelo caráter aberto e resoluto e por seu modo conciso e seco de falar. "Éramos levadas a pensar mal a seu respeito, pelo que me senti obrigada a dizer-lhe: 'Gema, se não te conhecesse, eu mesma pensaria de ti o mesmo que pensam as outras'".

O fato registrado a seguir, testemunhado por sua tia Elisa, é prova inequívoca de que, a jovem não era dominada pelo orgulho:

> Um dia, voltando um tanto aborrecida da escola, confessou-me:
> – Tia, a Madre Superiora disse-me: "Gema, minha Gemazinha, esta manhã cometeste um pecado de soberba!". Tia, diga-me, como se comete um pecado de soberba?
> – Que fizeste? – perguntei.
> – Não sei! Eu não sei o que é um pecado de soberba!
> A Madre Superiora lhe tinha dito aquilo apenas para experimentá-la, como depois ela própria me esclareceu.

A última aula

Gema é aluna aplicada, mas sem resultados brilhantes. Na sala do colégio das Irmãs Zitas, onde se expõem os resultados das alunas, ela nunca aparece em primeiro lugar, embora surja várias vezes em último. Apenas consegue uma boa classificação na disciplina de religião. No período de 1891 a 1892, melhoram um pouco suas notas, mas ela cai doente e é obrigada a interromper as aulas, retomando-as no início do período seguinte, de 1892 a 1893.

Segundo a opinião dos professores, Gema é inteligente. Embora tenha dificuldade nas ciências e na apreensão de conceitos abstratos, revela uma extraordinária aptidão para a sensibilidade do amor e da experiência mística.

Por outro lado, não gosta de adulações nem sabe fazer rir, tornando-se pouco simpática perante as colegas. Mais tarde, Eufêmia Giannini revela que Gema não tinha o menor jeito para fazer uma simples "piada" ou contar uma anedota.

No testemunho a seguir, a Irmã Júlia Sestini demonstra-nos perfeitamente o enorme esforço de Gema para superar esses defeitos:

> Nos recreios, mostrava-se alegre e participava ativamente dos jogos. Escapulia-se, por vezes, para meu lado, para ouvir de mim alguma palavra de incentivo ou para deitar um olhar furtivo para a capela onde estava Jesus...
>
> Durante o Carnaval aceitava desempenhar papéis cômicos nas representações escolares e fazia-o com graça e com garra.

Porém, nem todas as Irmãs Zitas têm de Gema um conceito positivo. Quando a jovem mostra o desejo de entrar para o convento, uma religiosa dá a seu respeito informações tão negativas, que não é aceita. Alguns anos mais tarde, quando a referida religiosa é informada da beatificação de Gema, desabafa do seguinte modo:

> Fui eu que fiz um juízo tão negativo acerca de Gema! Foram aquelas palavras que impediram que entrasse para nosso convento uma alma tão bela. Gema, perdoa-me e pede a Jesus por mim!

De tudo o que foi referido, não se deve concluir que Gema fosse "burra", apenas que não era muito apta para os estudos. Todas as informações que nos chegaram coincidem em demonstrar que Gema possuía grande inteligência prática e um apuradíssimo senso comum. Mas é verdade que tinha dificuldades nos estudos. Rezava no período dos exames e levava para os testes as imagens do Sagrado Coração de Jesus e da Virgem Maria. Hoje são os estudantes que levam a dela! Por isso se tornou a grande "padroeira dos estudantes"!

Gema, a "vítima" escolhida por Jesus, sofre a profunda humilhação de ser uma das "lanternas vermelhas" da turma! Suas classificações rondam, contudo, o que hoje, na avaliação de nossas escolas, é designado por "suficiente". Após realizar um sério estudo grafológico sobre os escritos de Gema, o Pe. Moretti chega à seguinte conclusão:

> Gema possui inteligência quantitativamente superior à média e qualitativamente pouco original, de fácil aprendizagem e de boa memória. Aprende depressa e possui capacidade suficiente para exprimir-se com fluência e clareza de ideias. Poderia vir a ser uma boa professora do Ensino Básico, mas não parece dotada para prosseguir estudos superiores, em virtude de sua formação e inclinação para as coisas da infância.

A catequista

Em 1893, contando Gema com apenas 15 anos, a família Galgani muda-se para a rua São Jorge, n. 6, 3º andar. As finanças domésticas estão em curva descendente. Henrique Galgani não consegue saldar as dívidas contraídas por ocasião da doença de sua falecida esposa. Vê-se obrigado a vender uma quinta em Santa Maria del Giudice, onde Gema passara deliciosos momentos de descanso. O comprador contará mais tarde como presenciou a ocasião em que, sentada sob a copa de uma árvore, a menina lia belíssimos episódios da vida de Jesus às crianças, que a ouviam extasiadas. No Concurso Catequístico de Luca, obtém o primeiro prêmio, que lhe foi entregue por Mons. Ghilardi no dia 8 de julho de 1894.

Entretanto, a saúde de Gema começa a abalar-se progressivamente. Os médicos proíbem-na de fazer grandes esforços mentais e recomendam-lhe que interrompa os estudos. Seu irmão Gino sofre de uma terrível tuberculose. Ela o conforta e ajuda com indizível amor, mas ele falece no dia 11 de setembro de 1894. Para Gema foi como se lhe partissem o coração! Na *Autobiografia*, recorda os últimos momentos vividos na companhia dele:

> Enquanto meu irmão Gino esteve doente, queria-me sempre a seu lado. De tal maneira me procurei associar a ele, que usava suas coisas; por pouco, não parti com ele, pois, um mês após sua morte, caí gravemente doente. Dei uma grande canseira aos meus para cuidarem de mim, sobretudo a meu pai. Muitas vezes lhe ouvi pedir a Deus sua morte, em vez da minha. Recorreu a todos os meios ao seu alcance para me salvar e, no fim de três meses, fiquei totalmente restabelecida.

O amanhecer de um mundo novo

Dia a dia cresce no coração de Gema um ardente desejo de união com a mãe e seu irmão Gino, que estão no Paraíso. Quer viver intensamente a experiência cristã da comunhão dos santos. Sabe que só o vai conseguir à medida que Jesus toma posse de sua alma. Então, a Sagrada Eucaristia principia a ser o alimento forte de seu espírito: "Jesus, apesar de eu ser tão má, vinha ao meu peito, ficava comigo e dizia-me tantas e tantas coisas bonitas!" (*Autobiografia*).

Sua tia Helena recorda-se de alguns momentos da doença de sua sobrinha querida:

> Aconselhava-a a não madrugar tanto porque podia-lhe fazer mal. Mas ela logo me respondia:
> – Como posso estar tanto tempo sem Jesus no coração? Quando estou com Jesus sinto que nada me falta.
> Esperava que eu saísse do seu quarto e logo se levantava para ir receber a Sagrada Comunhão à igreja de Santa Maria da Rosa,

até que um dia lhe disse que tinha pedido ao seu confessor para lho proibir. Confrontada com esta situação, Gema respondeu:
– Está bem. A obediência é santa!

Na manhã seguinte, não sai para comungar. Como são admiráveis a obediência e a humildade dos santos!

O anjo da guarda

Ao vê-la melhor, as Zitas insistem para que Gema prossiga os estudos, dispensando-a até do pagamento das mensalidades. Seu pai, contudo, não aceita. Talvez por orgulho, pois não consegue admitir que uma Galgani estude de graça. E também porque tinha más recordações da estada de sua filha no colégio: a febre por ocasião da Primeira Comunhão; a recente doença, pelo demasiado esforço nos estudos; um pequeno acidente ocorrido na igreja com a queda de um banco; e, sobretudo, o medo de que uma doença imprevista e mortal atingisse sua querida Gema.

Ao sentir a força da juventude a pulsar-lhe nas veias, Gema procura libertar-se de uma espécie de isolamento doméstico a que fora submetida em virtude de sua enfermidade. Está nos seus radiantes 18 anos. É jovem e bonita, e gosta de sair a passear sua beleza e suas joias, entre as quais se destaca o relógio de sua mãe, cedido pelo pai à filha predileta. Torna-se amiga das irmãs Boccheretti, responsáveis por uma escola infantil. Ali se entretém explicando às crianças, com grande dedicação e entusiasmo, algumas belíssimas passagens da vida de Jesus.

Aos 18 anos, na flor da idade, tomada de fervor e desejando entregar-se totalmente nas mãos do Senhor, de acordo com seu confessor, Mons. Volpi, emitiu privadamente o voto de castidade. Na *Autobiografia*, registra este singular acontecimento:

> Jesus ficou tão contente que, após a Comunhão, me inspirou a fazer-lhe a oferta total de mim mesma. Fiz-lhe essa oferta com tal alegria, que passei o resto da noite e o dia seguinte como se estivesse no Paraíso.

Ao voltar de um dos seus passeios, sente-se como se estivesse acompanhada de seu anjo da guarda. Essa será uma companhia que nunca a abandonará ao longo da sua vida. Sua tia Elisa conta-nos a seguinte passagem curiosa da vida da sobrinha:

> Um dia, teria Gema 15 ou 16 anos, acompanhei-a a uma visita às Irmãs Doroteias. Uma delas perguntou-lhe:
> – Gema, não te sentes sozinha em tua casa?
> – Não, vivo com minha irmã Julieta e "com outra pessoa".
> – E quem é essa outra pessoa, pode-se saber?
> – É meu anjo da guarda!

Aproxima-se o ano de 1896. Gema cresce cada vez mais em estatura, graça e idade. Em seu diário, cujo fragmento foi retirado da *Autobiografia*, ela escreve:

> Não sei o que me espera no novo ano. Senhor, entrego-me nas tuas mãos! Como sou débil, meu Jesus! Com a tua ajuda espero mudar de vida, vivendo cada vez mais perto de ti.

"Sofrer e sofrer muito"

Gema descobre um novo sentido em sua vida. Não a satisfazem mais as vaidades nem os triunfos mundanos. Aos 18 anos, principia a descerrar-se o véu de seu mistério, e começa ser desenhado o que Jesus lhe quer reservar para o futuro: "Um dia, fixando atentamente o crucifixo, apoderou-se de mim tal sofrimento, que caí por terra sem sentidos" (*Autobiografia*).

Atacado por um terrível câncer que pode levá-lo à morte, Henrique Galgani faz este desabafo de mau humor: "Vês, minha filha, esta minha irritação é por causa das tuas saídas para a Comunhão diária!". Ela logo lhe responde: "O que me prejudica não é comungar, mas estar longe de Jesus!". O pai não tolera que a filha lhe responda e repreende-a duramente. Ela, por sua vez, retira-se para seu quarto, chorando.

"Desabafei as minhas penas com Jesus, dizendo-lhe: 'Jesus, quero seguir-te custe o que custar!' E pedi-lhe que me concedesse sofrer e sofrer muito" (*Autobiografia*). Esse pedido será totalmente satisfeito.

De fato, reiniciam os revezes familiares. A situação da família não é boa. Surgem alguns problemas. Guido, irmão de Gema, ao perceber que lhe vão faltando os meios habituais de divertimento, descontrola-se e blasfema muitas vezes. A jovem não suporta esse tipo de linguagem e o repreende; este reage e dá-lhe um violento murro nos olhos. Ela sofre, cala-se e oferece esse pequeno contratempo a Jesus!

Outras situações desagradáveis também vêm perturbar sua paz interior. Uma empregada de sua casa a escandaliza com palavras e conversas indecorosas, e um funcionário da farmácia do pai faz-lhe propostas imorais, chegando ao cúmulo de tentar violentá-la. Em carta a seu confessor, Gema alude à situação, como que a pedir socorro.

Em casa não tem o apoio de ninguém. Apenas uma empregada chamada Letícia Bertuccelli a compreende, escuta e torna-se verdadeiramente sua amiga. Certo dia, dirigindo-se ambas ao convento das Zitas, Gema é abordada por um oficial que lhe pede em namoro, a quem afasta após dizer que se quer consagrar totalmente a Jesus.

Gema recorda-se das palavras que ouvira do pregador em seu primeiro retiro espiritual: "O nosso corpo é templo do Espírito Santo". Anotará mais tarde na *Autobiografia*: "Aquelas palavras impressionaram-me tanto, que procurei com todas as forças conservar puro o meu corpo".

Consciente de suas fraquezas, recorre com frequência aos sacramentos da Reconciliação e da Eucaristia, para recuperar as forças e renovar sua vida espiritual. Reza com muita fé e pratica sacrifícios corporais para se manter vigilante e poder corresponder ao amor de Jesus.

"PEREGRINA DE HEROICA POBREZA"

Derrocada familiar

A crise da família Galgani beira os limites da bancarrota. Henrique Galgani vende e hipoteca seus bens. Para ganhar algum dinheiro, Gema arruma um emprego na escola de costura e bordado das meninas Sbaraglia.

Seu pai cai definitivamente doente. Os credores reclamam seus direitos e o tribunal de Luca bloqueia os poucos bens que ainda restam à família. Um dos empregados da farmácia dos Galgani aproveita-se da situação e dá grandes desfalques. Gema sofre ao ver sua família humilhada, sobretudo o pai.

Henrique Galgani vive seus últimos dias amargurado pela dificuldade em que vai deixar a família, caso venha a falecer. Os filhos de um Galgani na miséria! Que desencanto! Que enorme sofrimento! Gema o vela com o carinho de uma filha amorosa e se enche de tristeza ao ver que a morte lhe vai levando, um a um, todos os entes mais queridos. O pai parte para o céu no dia 11 de novembro de 1897. Gema tem 19 anos e meio. Mais tarde, recorda-se com tristeza: "Em um instante, vimo-nos privados de tudo!". Sua tia Elisa dá o seguinte testemunho: "O tribunal e os credores apoderaram-se de tudo. Vimo-nos obrigados a viver da caridade de algumas pessoas". Letícia Bertuccelli, grande amiga de Gema, faz uma coleta pela aldeia em favor da família, mas sem revelar quem são os beneficiados, poupando-os, assim, de mais humilhações, pois os Galgani eram muito conhecidos.

O tribunal, impiedoso, sela os quartos da casa da família Galgani, e os pobres órfãos veem-se obrigados a dormir no chão! As tias gastaram todos os bens com a doença de Henrique Galgani e agora partilham da extrema penúria de seus sobrinhos.

Após o falecimento do pai, a família se dispersa. Heitor emigra para o Brasil com a promessa de voltar somente quando enriquecer. Coitado! Ele também falece pouco depois, em um hospital brasileiro. Guido interrompe seu curso de farmácia em Pisa, por falta de recursos, vindo a concluí-lo posteriormente; mas, para tristeza de Gema, esse irmão, inserido em um ambiente laico e anticlerical, acaba por abandonar a prática religiosa. Júlia e Ângela ficam com as tias. Gema e Antônio refugiam-se na casa dos tios Domingo Lencioni e Carolina Galgani, proprietários de uma pequena loja de quinquilharias em Camaiore. Sobre esse estabelecimento, convertido hoje em uma loja de eletrodomésticos, pode ler-se a seguinte inscrição: "Santa Gema Galgani, peregrina de heroica pobreza, foi acolhida nesta casa por piedade de sua tia Carolina".

Maravilhosa definição da personalidade de Gema: "peregrina de heroica pobreza"!

Decidida a seguir Jesus

Em Camaiore, passa-se mais um ano da vida de Gema, que não se esquece do firme propósito de se entregar toda a Jesus, pelo que intensifica sua vida interior; mas seu trabalho diário consiste em ajudar a tia na loja.

Contudo, Camaiore não lhe deixa boas recordações, como ela relata na *Autobiografia*:

A tia levava-nos à missa todas as semanas. Eu comungava raramente, porque não me entendia muito bem com o novo confessor. Pouco a pouco, comecei a afastar-me de Jesus, a descuidar da oração e a amar as diversões mundanas. A tia tinha consigo outra sobrinha, Rosa Bartelloni, de quem me fiz amiga e companheira de travessuras. A tia deixava-nos sair com frequência. Se Jesus não tivesse usado comigo de tanta misericórdia, talvez eu tivesse caído em graves pecados. O amor das coisas mundanas começou a apoderar-se pouco a pouco do meu coração, mas Jesus veio de novo em meu auxílio.

Gema atinge a linda idade dos 20 anos. O roseiral da sua vida está em plena floração! Tem 1,60 m de altura, é graciosa, jovem, bonita, com um olhar límpido e profundo, e atende os clientes com educação e requinte. De vez em quando, uma espécie de tênue nuvem de melancolia trespassa seu olhar distante... Talvez a evocação dos sofrimentos passados... O drama da família... Seus revezes escolares... O pensamento de Deus... Quem sabe? O que estaria naquele coração de jovem heroica e livre?

Uma jovem assim não pode passar despercebida aos olhares dos rapazes da aldeia. Romeu delle Lucche, empregado na mesma loja, não dissimula seu amor por Gema. Mas ela não lhe dá qualquer esperança, dizendo que se quer entregar toda a Jesus. Também Jerônimo Bertozzi, filho do médico da aldeia, enamora-se dela a ponto de pedir sua mão a tia Carolina, a tutora oficial. Mas nada! Gema estava decidida a seguir Jesus!

Embora na *Autobiografia*, ela ponha sérias reservas à sua conduta em Camaiore, sabe-se, contudo, que Gema manteve sempre uma intensa vida espiritual e uma inquestionável inocência.

Certa ocasião, Rosa Bartelloni e Gema vão confessar-se ao Côn. Mansini, capelão do Santuário de Badia. Têm de passar por uma ponte, lugar de encontro dos casais de namorados. Luís Bartelloni, irmão de Rosa, fica sabendo desse fato e aproveita a oportunidade para zombar dos pretensos amores de Romeu e Gema, colocando um letreiro na porta da cozinha, com os seguintes versos:

"Gema e Romeu
Vão à Ponte de Badia
Para celebrar o amor".

Luís Bartelloni confessará mais tarde, arrependido: "É claro que nada daquilo era verdade!".

Com a saúde frágil, assediada pelos pretendentes e talvez sentindo um pouco de saudade, Gema decide voltar a Luca, mesmo com o risco de ter de enfrentar a pobreza familiar. Há alguns meses que sente dores nas costas, que lhe provocam certo mal-estar geral. Na *Autobiografia*, ela relata:

> Subitamente comecei a andar encurvada e a sentir dores nos rins. Resisti durante algum tempo, mas, como as coisas iam piorando, pedi a tia Carolina para regressar a Luca. Ela aproveitou a ocasião e deixou-me partir. Contudo, o pensamento daqueles meses de pecado fazia-me estremecer. E fi-los de todas as qualidades: pensamentos impuros povoavam-me a mente; ouvia conversas indecorosas; dizia mentiras para encobrir minha companheira; em suma, o inferno como que principiava a abrir-se debaixo dos meus pés.

Suas tias de Luca ficam espantadas com seu regresso e perguntam-lhe:

– Gema, será que não te tratavam bem?

– Sim, tratavam-me muito bem, mas havia um jovem que queria se casar comigo, e eu não quero marido. Desejo apenas ser toda de Jesus.

Desenganada pelos médicos

Gema vive agora na rua Biscione, n. 13, para onde se mudaram as tias. É uma casa pobre, situada em uma das zonas mais humildes da cidade. Sobre esse período, ela escreve na *Autobiografia*:

> Chegada a Luca, estive doente durante algum tempo, não permitindo que os médicos me visitassem, pois não queria que ninguém me tocasse. Uma tarde, trouxeram-me um médico que me examinou à força. Encontrou em mim um abscesso que, pensou, me afetava os rins. Havia tempos eu sentia dores naquele lugar, mas não queria ver o que era nem sequer permitia que se tocasse ali. Que sofrimento para mim quando tinha de me descobrir! Chorava ao ouvir chegar o médico! O mal ia aumentando... Os médicos decidiram operar-me. A dor da operação foi nula. O que mais me custou foi ter de ficar quase despida diante dos médicos. Teria preferido morrer...

Os médicos, entretanto, diagnosticam uma "anomalia nas vértebras lombares com consequente abscesso nos inguinais". Além disso, fica paralisada de ambas as pernas. No dia 28 de janeiro de 1899, aparece-lhe ainda uma insuportável dor de cabeça, fruto de "uma otite média purulenta com participação mastoide".

"Os médicos, vendo que todos os remédios eram inúteis, desenganaram-me totalmente. Vinham de vez em quando, penso que apenas em cumprimento de sua obrigação de ofício" (*Autobiografia*).

Gema não consegue reter no estômago nenhum alimento. Quando percebe a gravidade da doença, seu irmão Guido marca uma consulta com quatro médicos, no intento desesperado de poder ainda salvá-la. Vêm os médicos, examinam a jovem e o diagnóstico é terrível: "Deem-lhe a Santa Unção. Pensamos que não passará desta noite".

Contudo, os desígnios de Deus são insondáveis! Jesus quer Gema nesta terra por mais algum tempo. Terá de percorrer seu Calvário, saborear o abandono da cruz, morrer como o grão de trigo na dura terra da humilhação e do sofrimento, para vir a dar abundantes frutos de graça e santidade.

Mais um passo atrás

No dia 8 de dezembro, Festa da Imaculada Conceição, Gema vive uma nova experiência, que está relatada na *Autobiografia*:

> Certa tarde, extremamente desanimada, disse a Jesus que não rezaria mais se não me curasse. Perguntei-lhe o que queria de mim, mantendo-me naquele estado. Respondeu-me o anjo: "Se Jesus te mortifica no corpo é para purificar-te cada vez mais no espírito".

Sua antiga professora, Irmã Júlia, conta-lhe, certa ocasião, algumas passagens da vida de um jovem passionista chamado Gabriel de Nossa Senhora das Dores. Por obra da Providência, Cecília Giannini empresta a Gema a biografia do referido jovem, escrita pelo Pe. Germano, da mesma congregação, para que se entretenha nas horas intermináveis de sua enfermidade. Ela faz referência a esse fato na *Autobiografia*:

> Peguei o livro e coloquei-o debaixo do travesseiro... Certo dia, estava sozinha em meu quarto. Passava um pouco do meio-

-dia. Comecei a ficar tão aborrecida, que até o estar de cama me incomodava. Senti que o demônio me tentava, dizendo-me que, se lhe desse ouvidos me curaria quando eu quisesse. Estive a ponto de ceder... De repente, recorri ao jovem Gabriel e disse-lhe:
– Em primeiro lugar está a alma, e só depois o corpo.
O demônio voltou à carga com nova tentação; recorri novamente ao jovem Gabriel, levando-o de vencida. Voltei a mim, benzi-me e fiquei unida ao Senhor. Naquele mesmo dia, comecei a ler o livro de sua vida, e não me cansava de admirar as virtudes daquele jovem.
A senhora que me emprestou o livro veio buscá-lo. Percebendo que eu ainda queria ficar com ele, deixou-o comigo por mais alguns dias. Finalmente, veio buscá-lo e fiquei chorando... Na noite daquele dia apareceu-me Gabriel: primeiro, vestido de branco, mas não o reconheci; depois, apareceu-me vestido de passionista. Reconheci-o, então, perfeitamente. E ele disse-me:
– Percebes como foi agradável ao Senhor o teu sacrifício? Eu mesmo te vim visitar. Continua a ser boa e voltarei...
Dois meses mais tarde, eu gozava de uma paz completa. Adormeci tranquila. Ao acordar, vi a meus pés Gabriel, que dizia:
– Gema, faz voto de te tornares religiosa.
– Por quê? – perguntei-lhe eu.
Esboçou um sorriso, olhou-me fixamente, colocou-me ao peito o emblema passionista, disse "minha irmã!" e desapareceu.

No período da gravíssima enfermidade, Gema continua a manter esses misteriosos contatos: o anjo da guarda a convida a aproximar-se de Jesus; o demônio, por sua vez, luta para afastá-la de Jesus; Gabriel de Nossa Senhora das Dores a saúda como "minha irmã". Não estará o Senhor a chamá-la à Congregação Passionista? Se ela nem sequer sabe se existem religiosas dessa Congregação... Será apenas um convite celeste convidando-a a viver, no mundo, a espiritualidade passionista?

A morte que espere!

Voltemos, entretanto, à narração da enfermidade de doença. Passado o perigo iminente de morte, recupera-se um pouco, mas a gravidade subsiste. A Irmã Júlia Sestini "veio despedir-se de mim como se fosse para o céu". Sugere-lhe, contudo, que faça uma novena à Bem-aventurada Margarida Maria Alacoque. Ela inicia a novena no dia 18 de fevereiro, mas se esquece de continuá-la no dia seguinte. Recomeça-a no dia 20, para se esquecer no dia 21! Reinicia no dia 23 e, agora sim, nunca mais se esquece: vai até o fim! Enquanto reza, ocorrem estes fatos, os quais foram retirados da *Autobiografia*:

> Faltavam alguns minutos para a meia-noite. Ouço como que as contas de um rosário roçando umas nas outras. Uma mão veio pousar em minha fronte. Ouvi "alguém" rezando nove Pai-Nossos, Ave-Marias e Glórias. Eu, prostrada pela doença, mal podia responder. A voz que conduzia a reza perguntou-me:
> – Queres curar-te?
> – É-me indiferente – respondi.
> – Sim, curar-te-ás. Reza fervorosamente ao Sagrado Coração de Jesus...
> – E à Bem-aventurada Margarida? – perguntei.
> – Reza três vezes o Glória em sua honra.
> [...] No penúltimo dia da novena, que terminava na sexta-feira, dia 1º de março, comunguei ainda muito cedo. Passei, depois, alguns momentos de indizível felicidade com Jesus Eucaristia! Ele ia-me perguntando:
> – Queres curar-te?
> A emoção era tão grande que nem ousava responder-lhe. Como Jesus é bom! A graça fora-me concedida. Estava curada!

No dia 2 de março de 1899, Gema prossegue na *Autobiografia*:

> – Minha filha – dizia-me Jesus –, dou-me todo a ti! E tu não quererás ser toda minha?

Jesus levara-me os pais, e eu sentia-me, por vezes, meio desesperada. Queixei-me disso a Jesus... e ele, cada vez mais afetuoso, como que me respondia:

– Eu estarei sempre contigo. Serei teu pai; e tua mãe será aquela – apontando-me Nossa Senhora das Dores. – Não te sentes feliz por seres filha de Jesus e de Maria?

Tais palavras tomavam conta de mim, e eu não tinha coragem para responder!

No mesmo dia, Gema já se levanta sozinha. As pessoas de casa choram de alegria. Também ela se sente feliz, "não por causa da saúde recuperada, mas porque Jesus me tinha escolhido para sua filha" (*Autobiografia*).

OS MISTÉRIOS DE JESUS CRUCIFICADO

As tias de Gema, Elisa e Helena, choram de contentamento por ver a sobrinha curada. Não escondem sua alegria e divulgam-na entre conhecidos e amigos, os quais, por sua vez, passam a tratá-la como "a menina do milagre". A convalescença vai seguindo seu lento percurso: "Minha debilidade era tanta que mal me mantinha em pé. Na segunda sexta-feira de março, fui à igreja receber a Sagrada Comunhão" (*Autobiografia*).

As Irmãs da Visitação, que a conhecem e sabem de sua cura, convidam-na a fazer um retiro espiritual em seu convento no mês de maio. Se fosse seu desejo, ela seria admitida ao noviciado. Mons. Volpi concorda e Gema inscreve-se para o retiro.

"Derramava sangue por todos os lados"

Com a aproximação do mês de maio, Gema vai-se recompondo lentamente. Na Quarta-feira Santa, faz sua confissão geral, como escreve na *Autobiografia*:

> Jesus concedeu-me uma grande dor dos meus pecados: na tarde da Quinta-feira Santa comecei a fazer a "hora santa". Era a primeira vez que fazia esse sagrado exercício após a doença. Já

cansada de estar de joelhos, sentei-me por um momento. Sentia que as forças iam-me faltando pouco a pouco. Mal tive tempo de chegar em casa e fechar a porta. Apenas chegada, encontrei-me como que diante de Jesus, que derramava sangue por todos os lados. Baixei os olhos, porque aquela visão me perturbava... Não ousei erguê-los uma só vez.

– Minha filha – dizia-me Jesus –, estas chagas foste tu que as abriste com teus pecados, mas agora as fechaste com tua dor... Ama-me como eu sempre te amei. Ama-me! – repetia-me muitas vezes.

As chagas de Jesus ficaram de tal maneira gravadas em mim, que nunca mais se apagaram.

Na Sexta-feira Santa, Jesus dirigiu-se a mim de um modo sensível:

– Estou prestes a unir-me a ti. Apressa-te, vem todas as manhãs. Mas toma consciência de que eu sou um pai e um esposo zeloso. Não quererás tu também ser uma esposa fiel?

Com esse estado de espírito e envolvida nas experiências místicas, Gema dá início a seu retiro. Os médicos mandam-na levar um corpete ortopédico para fortalecer as costas, mas isso pouco a preocupava. Sua atenção voltava-se, no momento, para coisas mais sublimes.

"Sofrer ensina a amar"

A seguir, está um relato de Gema, que foi retirado da *Autobiografia*:

Dois sentimentos e dois pensamentos ocupavam meu espírito desde que Jesus se me manifestara pela primeira vez... O primeiro era amá-lo até o sacrifício. O segundo era um desejo ardente de sofrer alguma coisa por Jesus, que tanto tinha sofrido por mim, pelo que comecei por me prover de uma grossa corda que fui buscar em um poço. Fiz-lhe vários nós e coloquei-a na cintura... O que mais me fazia sofrer era não poder amar Jesus tanto quanto eu queria. Procurava nunca o ofender, mas minha

inclinação para o mal era tão forte, que sem a sua graça cairia facilmente no pecado... Um dia, ao fazer minha oração da tarde, vi pela segunda vez Jesus Crucificado, que me disse:
– Filha, olha e aprende como se ama! – E mostrando-me suas chagas: – Vês quanto te amei? Aprende a sofrer. O sofrer ensina a amar.

No dia 1º de maio de 1899, entra para o convento das Irmãs da Visitação. Profundamente marcada pela enfermidade, está irreconhecível. De sua grande e bela cabeleira, poucos cabelos lhe restam.

"Era uma alegria imensa para mim! Pedi que as pessoas de casa não me visitassem. Aqueles dias foram todos para Jesus!" (*Autobiografia*).

Essas primeiras experiências místicas vão mudando à medida que o tempo avança. "Aquela vida era demasiado cômoda para mim... e, em vez de me afeiçoar a ela, ia-a rejeitando pouco a pouco" (*Autobiografia*).

Terminado o retiro, Gema fica mais uns dias no convento, mas o Arcebispo Ghilardi não lhe concede a licença para ficar no noviciado. Em relação a esse fato, escreve, em 1901:

> ... eu estava ainda muito debilitada e tinha de usar o corpete ortopédico para endireitar a espinha dorsal. A Madre Superiora disse-me para tirá-lo... Tirei-o, de fato, e já lá vão dois anos que ando sem ele, sentindo-me perfeitamente bem.

As Irmãs da Visitação prometem admiti-la em junho, pela Festa do Sagrado Coração de Jesus. Mas, quando chega ao convento, a Madre Superiora havia mudado de ideia e nem sequer desce para cumprimentá-la. Esse fato pode ser encontrado na *Autobiografia*:

> Começaram a dizer-me que se eu não apresentasse pelo menos quatro atestados médicos, não me aceitariam no convento.

Tentei arranjá-los, mas os médicos não queriam responsabilizar-se, e as Irmãs disseram-me que, assim, minhas pretensões não seriam atendidas. Essa decisão perturbou-me profundamente, mas Jesus não cessava de me cumular de graças.

Ela aprende por si mesma o que significa "sofrer ensina a amar".

O calvário doméstico

Ao regressar do convento, Gema parece não se adaptar mais à vida doméstica, que se transforma em uma espécie de calvário. Guido, que já é licenciado em farmácia, vive agora nas Termas de S. Julião, onde cuida de uma farmácia e mantém relações com Assunção Brogi, com quem se casa. Do irmão Antônio, herda o mau hábito de blasfemar. Este se matricula na Universidade de Pisa, mas uma terrível tuberculose o obriga a ficar em casa por um longo tempo... O comportamento de Ângela deixa muito a desejar. Não suporta nada que seja ordem ou disciplina. Fecha o quarto para não deixar a irmã fazer sua oração mental. Se a encontra prostrada em êxtase, chama as amigas para verem a "santinha", como diz em tom de deboche... Apenas Júlia a entende e acarinha. A miséria familiar chega a tal ponto que Gema se contenta em roer os ossos da carne que, excepcionalmente, traziam para seu irmão Antônio, que era tuberculoso.

Suas tias também se queixam da penosa situação em que vivem em virtude das dívidas contraídas por ocasião da morte de seu irmão Henrique.

No entanto, Gema confessa que "Jesus não deixava de me consolar com a abundância de suas graças" (*Autobiografia*). A partir dessa época, sua vida entra em uma nova fase. Os fenômenos extraordinários sucedem-se com frequência. Eleita como "vítima" para se identificar com Jesus, suportará terríveis tormentos no corpo, uma luta diabólica sem tréguas em sua consciência e a "noite escura" na alma.

Imagem viva de Jesus

Deve ser advertido, desde já, que a Santa Igreja, pelo fato de tê-la canonizado, não confirma oficialmente todos os fenômenos extraordinários que se verificam em Gema Galgani. Dá-lhes apenas o crédito que merecem as testemunhas oculares que os atestam. Nesse caso, dez pessoas confirmam nela a presença do "suor de sangue" como o de Jesus; seis afirmam ter presenciado a cena da "flagelação"; oito, a "coroação de espinhos", e dezenove, a formação das "chagas".

Como introdução ao que vamos narrar em seguida, transcrevemos as palavras do Cardeal Pellegrinetti, em 1941, ao prefaciar o *Livro dos milagres* de Gema Galgani:

> A suprema autoridade da Igreja não confirma oficialmente o caráter preternatural de cada um dos carismas que as testemunhas presenciaram ou os próprios santos afirmam ter-lhes sido concedidos. Mas iria contra o "sentir da Igreja" quem, por mero pretexto, afirmasse que se trata de casos de ilusionismo ou anomalias psíquicas, sendo esses fenômenos extraordinários simples efeitos naturais do seu estado mórbido. É dever do historiador e do teólogo, auxiliados por médicos peritos quando o caso assim o exija, discernir em cada caso acerca da origem de certas manifestações extraordinárias. Não se deve, contudo, esquecer que a canonização de um santo, feita pelo Papa, se por um lado não implica qualquer juízo acerca da realidade preternatural das visões e êxtases, não obstante, por outro lado, exclui qualquer espécie de erro dogmático ou de pecado. Pelo que é motivo suficiente para se supor que se trata de algo de "divino ou sobrenatural".

Em julho de 1899, às vésperas da Festa do Sagrado Coração de Jesus, falece no Porto, em Portugal, a Irmã Maria do Divino Coração, religiosa do Bom Pastor. No início do ano, essa Irmã havia pedido ao Papa Leão XIII para consagrar o mundo ao Sagrado Coração de Jesus. Tendo conhecimento do pedido daquela religiosa, no dia 25 de maio o Pontífice publica a encíclica *Annum Sacrum* (Ano Santo), em que se afirma:

> No que diz respeito à formação e administração das cidades, acontece que não se tem em conta a autoridade do direito divino e sagrado, com a deliberada intenção de que nenhuma força ou elemento religioso influa no modo de vida social. Essa ousadia chega a ponto de se pretender suprimir a fé em Cristo e expulsar a Deus do mundo, se isso fosse possível... Daqui tem origem uma enorme quantidade de males, que parecem ter caráter permanente... Pelo que ordenamos que nos dias 9, 10 e 11 de junho, na igreja paroquial de cada cidade ou freguesia, se façam orações e no último dia se reze a fórmula da consagração ao Sagrado Coração de Jesus, que enviamos... (AS, 10 e 13).

Exatamente na véspera desse tríduo, morre a referida religiosa portuguesa que, em carta ao Papa Leão XIII, assim se expressava:

> Nosso Senhor, depois de me ter feito compenetrar profundamente da minha miséria e de me pedir a renovação do sacrifício de mim mesma como vítima e esposa do seu coração, aceitando de boa vontade toda espécie de sofrimentos, humilhações e desprezos [...], deu-me a ordem estrita de escrever novamente a Sua Santidade acerca deste assunto...

Parece que, ao se apagar a tocha de vítima da Irmã Maria do Divino Coração, o Senhor acende a chama de Gema Galgani, no mesmo dia e hora que morre a referida irmã, às 15 horas! Na *Autobiografia*, Gema conta sua iniciação como "vítima" do Senhor:

No dia 8 de junho, após a comunhão, Jesus avisou-me de que nesse mesmo dia, na parte da tarde, me faria uma graça enorme... Eu o disse ao meu confessor, e ele logo me advertiu que estivesse atenta e lhe contasse tudo o que porventura se viesse a passar. Chegou a tarde. De repente, senti uma forte dor dos meus pecados. Entrei, a seguir, em recolhimento profundíssimo: a inteligência nada mais via do que os meus pecados; a memória trazia-os à lembrança; a vontade detestava-os e prometia tudo sofrer para expiá-los...

Depois perdi os sentidos e senti-me como que na presença de minha Mãe Celeste e de meu anjo da guarda, que me mandou recitar o ato de contrição. Mal acabei, e me disse a Mãe Celeste: – Filha, em nome de Jesus te sejam perdoados os teus pecados... O meu Filho ama-te muito e quer conceder-te uma grande graça. Serás capaz de ser digna dela? Eu serei a tua Mãe. E tu, serás uma verdadeira filha?

Depois estendeu seu manto e cobriu-me com ele. Nesse mesmo instante, apareceu Jesus. De suas chagas, não saía sangue, mas chamas de fogo, que cobriram minhas mãos, meus pés e meu lado. Levantei-me para ir para a cama, mas percebi que desses três locais jorrava sangue... Essas dores, em vez de me atormentar, enchiam-me de uma paz perfeita.

No dia seguinte, mal consegue ir à igreja para receber a Sagrada Comunhão. Para que ninguém saiba do ocorrido, calça um par de luvas.

"Não conseguia segurar-me de pé. Parecia que ia morrer a cada instante. Aquelas dores duraram até às três horas da tarde de sexta-feira, festa solene do Sagrado Coração de Jesus" (*Autobiografia*).

Gema, a vítima de Jesus, começa a "completar na sua carne o que falta à Paixão de Cristo no seu Corpo, que é a Igreja". Esse fenômeno começa a repetir-se todas as semanas, desde a tarde de quinta-feira até à de sexta-feira.

Certo dia, Palmira Vallentini, de 27 anos e muito piedosa, sentindo-se restabelecida de uma longa doença, vai visitar Gema e Júlia. Vendo a miséria em que vivem, ajuda-as com alguns alimentos. Mas, notando que Gema usa sempre luvas, estranha o fato... Quando descobre a razão, vendo que nas mãos dela estavam impressas chagas como as de Jesus, leva Gema imediatamente a seu confessor, Mons. Volpi, que lhe diz: "Não deixes que te vejam as mãos, porque as pessoas poderão, talvez, escarnecer de ti!".

ACOLHIDA POR CARIDADE

Gema e os Passionistas

Acompanhada de Palmira Vallentini, Gema frequenta os exercícios em honra do Sagrado Coração de Jesus, os quais são realizados no mês de junho na igreja das Salesianas. No dia 25 do mesmo mês, na igreja de São Martinho, principia uma missão orientada pelos Padres Missionários Passionistas Inácio, Caetano, Calisto e Adalberto. O Papa Leão XIII adverte os cristãos que se preparem para uma digna entrada no século XX, que se adivinha turbulento.

Só depois de concluída a devoção do mês de junho, Palmira e Gema se dispõem a frequentar as pregações dos Missionários Passionistas, em que se verificam inúmeras conversões.

Na *Autobiografia*, Gema relata a emoção sentida naquele momento:

> A minha impressão ao ver aqueles sacerdotes é difícil de ser explicada, porque envergavam o mesmo hábito com que estava vestido Gabriel de Nossa Senhora das Dores da primeira vez que o vi. Fiquei sensibilizada a tal ponto com sua pregação, que não perdi sequer um único sermão.

No dia do encerramento da missão, 9 de julho, Gema participa da Comunhão geral. Nesse momento, de acordo com a *Autobiografia*,

> Jesus fez-se sentir presente à minha alma e perguntou-me:
> – Gema, gostas do hábito desse sacerdote?
> – Meu Deus! – exclamei!
> – Pois eu te digo que tu serás uma filha predileta do meu coração...

Por ocasião da missão, ela se confessa ao bom Missionário Passionista, Pe. Caetano. Esse fato também está mencionado na *Autobiografia*:

> Com grande sacrifício para o Missionário e muita vergonha de minha parte, contei-lhe todas as graças que o Senhor me concedia, as visitas do anjo da guarda, a presença de Jesus em minha vida, e dei-lhe conta de algumas penitências que eu praticava diariamente, orientada apenas por minha cabeça.

Após ter um conhecimento mais profundo sobre os fatos ocorridos com ela, Pe. Caetano autoriza a jovem a emitir privadamente os três votos religiosos de pobreza, castidade e obediência. Promete, também, ouvi-la mais demoradamente na semana seguinte à missão.

Os Passionistas têm um convento perto de Luca e, quando passam pela cidade, hospedam-se geralmente na casa da família Giannini. É ali que Gema se encontra diversas vezes com o Pe. Caetano, a quem expõe sua vida e de quem recebe preciosos conselhos. Mas não fica muito entusiasmada, pois ele não parece ser o escolhido para orientar a "pobre Gema" no caminho da via mística, como vítima de Jesus.

A nova família de Gema

Após a missão, a família Giannini vai passar uns dias de férias na bela praia de Viareggio. A sra. Cecília fica em casa para tomar conta da farmácia dos Giannini e da fábrica de cera, e convida Gema para ser sua acompanhante durante o dia. Porém, a jovem passa a tomar as refeições com ela e permanece algumas noites em sua casa. Mas Júlia não consegue viver sem a companhia da irmã, e suas tias também a querem de volta à casa.

Quando os Giannini retornam, Cecília propõe a seu irmão Mateus, o chefe da casa, que a jovem seja acolhida na família. Ele se limita a responder: "Nada tenho a opor. Ela será como que a minha undécima filha".

Nos primeiros tempos, Gema passa o dia com os Giannini, mas vai dormir em sua casa. Essa família é extremamente numerosa. Agora, são 21 à mesa! Ela se sente um pouco constrangida por causa do número de pessoas, pelo barulho à mesa e pela abundância de comida. Envergonhada e tímida, nem fala nem come, até que o sr. Mateus lhe diz: "Gema, ou comes ou terei de te preparar uma infusão de ervas para abrir-te o apetite!".

A família Giannini

O sr. Mateus era licenciado em farmácia, tendo concluído o curso em 1878, ano do nascimento de Gema. Após se estabelecer em Luca, em 1880 se casa com Justina Bastiani, senhora de compleição débil que se dedica exclusivamente à educação dos filhos. Posteriormente, nasce o último filho do casal, a quem, por sugestão de Gema, é dado o nome de Gabriel.

Quando Gema passa a conviver com a família, os filhos do casal tinham as seguintes idades: Anita, 19 anos; Eufêmia, 15; Dina, 13; Prisca, 11; os gêmeos Guilhermina e Mariano, 9; Martinho, 7; Maria, 5; Carlos, 4; Helena, 1 (há ainda Fausto, falecido pouco depois de nascer, em 1896). Eufêmia tornar-se-á Monja Passionista, fundando mais tarde o Instituto chamado "Irmãs de Santa Gema". Dina entrará para as Clarissas; Prisca para as

Zitas e Maria dedicar-se-á aos doentes, em uma congregação fundada em Luca, quando Gema era viva.

A sra. Cecília, nascida em 1847, tem 52 anos quando Gema é acolhida em casa de seu irmão Mateus Giannini. Após ficar solteira, dedica-se ao serviço da família, vindo a falecer em 1931. Mais tarde, seu sobrinho, Mariano Giannini, comenta que era uma mulher piedosa, cheia de caráter, empreendedora e ativa. Era ela que organizava praticamente a vida da casa. Os sobrinhos a estimavam muito:

> Bastava um simples aceno seu para nos pôr logo a estudar. Gostávamos dela como se fosse nossa mãe, malgrado seu feitio severo. Esmerava-se para que nada faltasse em nossas refeições. Costumava dizer que era ótimo sentirmo-nos bem em casa, sem necessidade de recorrer a pensões ou albergues. Tanto eu como meus irmãos, quando estudantes em Pisa, gostávamos de voltar para casa para comer e dormir (Mariano Giannini).

A sra. Cecília ama a "pobre Gema" que se faz vítima de Jesus e por esta ser órfã de pai e mãe. Impossível seria não amá-la, pois ela é tão boa e dócil! Sofre muito por sua causa, em virtude dos fenômenos extraordinários que nela se operam. Algumas vezes, chega mesmo a enervar-se, como confessa em uma carta ao Pe. Germano, o grande diretor espiritual de Gema:

> Estava frio. Gema não vestiu o casaco. Pode imaginar como fiquei furiosa. Chamei-lhe de descarada, desobediente e má, e disse-lhe:
> – Se queres morrer, atira-te a um poço e afoga-te de uma vez para sempre! Jesus não quer essas coisas. És uma impostora. Amanhã vou pôr-te em tua casa para que tuas tias te levem a um médico que te cure...

Em um trecho da *Autobiografia*, Gema relata ao Pe. Germano que, certa ocasião, após ter sofrido um revés por sua causa, a sra. Cecília descarrega sobre ela seu mau humor:

> A tia (era assim que Gema tratava a sra. Cecília) anda muito séria. Por vezes, dou com ela a chorar. Se lhe pergunto a razão, responde-me que desejaria desaparecer de uma vez para sempre. Ontem me disse: "Talvez tivesse sido melhor para mim não te ter conhecido".

Apesar da instabilidade emocional, a sra. Cecília atua como uma espécie de anjo tutelar de Gema, a quem proporciona o calor do lar e um carinho quase materno!

GEMA É OURO PURO

Histerismo?

Em casa dos Giannini, Gema vê que sua condição humana melhora, mas continua a sofrer muitos revezes. Após o verão, Mons. Volpi quer tirar dúvidas acerca do fenômeno das chagas que se verifica em Gema e procura o Dr. Pfanner. Assim ela conta o sucedido: "Jesus avisou-me do que iria acontecer: 'Diz a teu confessor que, na presença do médico, nada de extraordinário te acontecerá'. O confessor não fez caso, e as coisas aconteceram como Jesus me tinha advertido" (*Autobiografia*).

No dia 8 de setembro de 1899, sexta-feira, Mons. Volpi apresenta-se diante de Gema com o médico. Ela está em êxtase, o que ocorre com frequência. O médico pega uma bacia e um lenço e põe-se a limpar as feridas. Mas as chagas e o sangue desaparecem rapidamente...

– Estão vendo? Trata-se de puro histerismo.

– E este sangue, doutor? – pergunta a sra. Cecília.

– Os histéricos precisam de sangue e o produzem com agulhas ou outro objeto cortante qualquer.

– Então, podem ferir-se?

– Sim, podem ferir-se...

"Tanto o médico como o Mons. Volpi", escreve a sra. Cecília, "pensaram que fosse histerismo. Eu própria fiquei um pouco perturbada e com dúvidas".

Naquela tarde, Gema acompanha a sra. Cecília à igreja de São Simão e São Judas, para estarem presentes à bênção do Santíssimo Sacramento. A igreja está quase deserta. A seguir, a sra. Cecília relata o que se passou ali:

> Sentamo-nos em um canto. Gema, com as mãos sobre os joelhos, olhava fixamente o sacrário, sem se mexer. Esteve assim, em êxtase, durante uma boa hora. Ao voltar a si, disse-me:
> – Tenho de lhe dizer uma coisa, ainda que sinta muita vergonha!
> Animei-a, compreensiva, e ela, mostrando-me as mãos, disse-me:
> – Olhe...
> Reparei, então, que tinha nas mãos uma ferida de onde saíam gotas de sangue.

Por ser profundamente humana, ela se entristecia quando alguém duvidava de sua sinceridade, como afirma na *Autobiografia*:

> Eis aqui a primeira e a mais forte de minhas humilhações... A minha soberba e amor próprio ressentiram-se, e Jesus disse-me:
> – Filha, que dizer quando, em tuas dúvidas, adversidades e aflições, recorres a outros e não a mim?
> Essa advertência foi o suficiente para que eu me desprendesse de todos os afetos terrenos e me entregasse inteiramente a Jesus.

Gema pensa unicamente em Jesus, mas não vive ociosa. Ajuda bastante nas tarefas domésticas. No mês de setembro, começa a bordar um tapete para seu irmão Guido, que, no dia 26 de outubro de 1898, se casa com Assunção Brogi, a cuja cerimônia Gema assiste, acompanhada de sua tia Elisa. Usa uma roupa muito humilde, motivo pelo qual a tia fica desgostosa. Seu irmão Guido zomba dela, dizendo:

– Que elegante! Até usa luvas! Usa-as para comer?

– Deixa-me em paz, por favor! Estou acostumada assim!

Momentos depois, a cunhada arranca-lhe as luvas, vê as chagas e apressa-se a comentar o fato com tia Elisa:

– Tia, Gema tem chagas como as de Jesus! Ainda não havia percebido isso?

– Não. Como ela usa sempre luvas...

Seus diretores espirituais

Em conversa ocasional com a sra. Cecília, Gema ouve falar do Pe. Germano de Santo Estanislau, Passionista, que havia fundado a "Associação de Jesus" em Roma. Essa "associação" tinha filiados em Luca, entre os quais a sra. Cecília, que informa o Pe. Germano acerca de tudo o que se passa com a jovem. Esta, desejosa de conhecê-lo, pede licença a seu confessor, Mons. Volpi, o qual lhe permite que escreva ao Pe. Germano:

> A minha cabeça anda um pouco "maluquinha", imaginando e ouvindo coisas "impossíveis". Digo "impossíveis" porque Jesus não falaria nem se deixaria ver por pessoas tão más como eu.

Nas *Cartas*, ela conta ao Pe. Germano como o conheceu:

> Aqui, há tempos, veio-me a ideia de pedir a Jesus para me pôr em contato com Vossa Reverência. A princípio, Jesus nada me revelou; mas, alguns dias depois, enquanto rezava, vi um Passionista que também rezava diante do Santíssimo Sacramento. Jesus disse-me:
> – Estás vendo quem é o Pe. Germano?
> Olhei para ti, e sabe como te vi? Bastante forte, de joelhos, imóvel e com as mãos postas. Pareceu-me que tinhas muitos cabelos brancos.

O Pe. Germano nasceu em 1850, em uma aldeia perto de Nápoles. Em 1866, professou como Religioso Passionista e, em 1872, ordenou-se sacerdote. Exerceu seu ministério sacerdotal na França, regressando a Roma. Foi ele que descobriu, nessa cidade, a casa dos santos João e Paulo, situada sob o convento passionista com o mesmo nome dos dois mártires da Igreja Primitiva. Trabalhou ardorosamente na causa de beatificação de Gabriel de Nossa Senhora das Dores. Conhece Gema Galgani pessoalmente no mês de setembro de 1900, embora já se corresponda com ela desde janeiro do mesmo ano.

Mons. Volpi, seu confessor e diretor ordinário, convive com ela desde criança, até mesmo antes de ser nomeado bispo. É natural de Luca, onde nasceu em 1860. Em 1882, recebeu a ordenação sacerdotal e, em 1897, ascendeu ao episcopado. Em 1919, retirou-se para Roma, onde morreu em 19 de junho de 1931.

Sua atitude para com Gema está repleta de zelo apostólico, mas também de dúvidas e perplexidades. Ao todo, ela lhe escreve 88 cartas. Em algumas delas, queixa-se de seu comportamento: "Há tanto tempo que preciso me confessar e dizem-me sempre que Vossa Excelência não está!".

Gema não fica ressentida com ele por isso, nem sequer com o Dr. Pfanner, que a declara histérica.

As dúvidas de Mons. Volpi acerca dos fenômenos extraordinários que se operavam nela só se dissiparam com a morte da jovem!

Na ocasião da visita do Dr. Pfanner, Gema escreve ao monsenhor:

> Jesus disse-me:
> — Não te recordas, minha filha, de ter-te advertido de que chegaria um dia em que ninguém acreditaria em ti? Pois esse dia é precisamente hoje. Contudo, agradas-me muito mais assim desprezada do que quando todos te julgavam santa.

Disse-me ainda que, em comparação com o que estava por vir, o que hoje me aconteceu é nada. Excelência, rogue a Jesus por mim, para que, tenha o que tiver de sofrer, me dê forças para tudo superar.

Rejeitada como religiosa

Os fenômenos extraordinários e êxtases tão frequentes em Gema aconselhariam a interná-la em um convento para aí permanecer despercebida. Mons. Volpi bate a diversas portas, mas sempre em vão.

Após várias tentativas frustradas para ser admitida em diversas ordens e congregações religiosas, ela solicita sua admissão entre as Doroteias. Gosta dessas religiosas e passa muitas horas em sua companhia. A Irmã Inês, a Superiora, trata-a como filha; o mesmo pode ser dito de seu relacionamento com a Irmã Maria, pelo que tudo se prepara para o seu ingresso nessa ordem religiosa. O Pe. Germano vai a Luca para tratar definitivamente do assunto, mas Gema adoece, atingindo 40 graus de febre, e o médico opõe-se ao seu ingresso.

As novas tentativas para uma possível admissão entre as Zitas ou as Adoradoras não surtem resultados positivos. Finalmente, por intermédio do Pe. Caetano, Gema conhece as Irmãs Passionistas de Corneto (Tarquínia). É o único convento dessa ordem na Itália, possuindo ainda mais dois na França. Ela vê como que os céus abertos: "Desde aquele momento, meu único desejo era tornar-me Passionista".

Mas deixemos por ora esse assunto, porque falaremos dele adiante, mais detalhadamente.

Todas as ilusões começam a murchar ainda em botão no coração da moça! Jesus vai-lhe fechando paulatinamente os caminhos dos prazeres e gozos e abrindo-lhe cada vez mais as portas da dor, da solidão e do abandono. Ela não deseja ser uma vítima de Jesus? Gema, porém, não é sobre-humana e assusta-se com o que terá de suportar. Nas *Cartas*, escreve:

> Para mim, é indiferente que Jesus me acarinhe ou me repreenda! Pelo contrário, fico contente quando me castiga, porque é o que mereço. Mas devo confessar que meus sentidos se assustam e minha carne estremece perante a cruz, embora nisso não peque, como me assevera meu confessor.
>
> Apesar dessa repugnância, meu coração abraça a dor e põe nela todo o seu prazer... Nessas ocasiões, afloram à minha mente todos os meus pecados, causando-me tanto sofrimento que, por vezes, quase desespero, e choro...

Beber o cálice de Jesus

A exemplo de Jesus no Getsêmani, Gema gostaria de ver longe de si aquele cálice de amargura. Mas, também como Jesus, começa desde já a beber seu cálice de vítima. O Pe. Lourenço Agrimonti, que vive retirado na casa da família Giannini, dá testemunho do "suor de sangue", fenômeno ocorrido com Gema entre os dias 1º e 7 de setembro de 1899, que depois se repetiu por diversas vezes. O mesmo afirmam outras testemunhas.

Palmira Vallentini, encontrando Gema em plena rua "com a fronte toda coberta de sangue", diz-lhe: "Gema, já fizeste alguma das tuas! Vem à minha casa para te limpar". Gema, "serena e tranquila", a acompanha docilmente.

A sra. Cecília também dá o seguinte depoimento:

> Vi que o sangue lhe escorria pelo rosto e pelos cabelos, e imaginei que o mesmo acontecesse por todo o corpo. Presenciei esse fenômeno por três ou quatro vezes... Isso acontecia quando Gema se encontrava em êxtase, de joelhos. Vi também duas grandes

lágrimas lhe inundando os olhos. Nessas ocasiões, verificava-se facilmente que seu sofrimento era enorme.

O Pe. Moreschini (1858-1918), Passionista e mais tarde Arcebispo de Camerino, escreve:

> Almocei em casa dos Giannini. Ao acabar o almoço, Gema foi ajudar a fazer a limpeza da cozinha. Em seguida, às 2h30 da tarde, foi rezar perante um crucifixo da família. Alguns minutos depois, a sra. Cecília fez-me sinal, advertindo-me de que Gema se encontrava em êxtase. Vi com os próprios olhos como a jovem suava sangue vivo pelo rosto, nariz, boca, mãos e unhas... A cor de seu rosto era cadavérica, mostrando que sofria dores horríveis. Meia hora depois, voltou gradualmente a si. Afastei-me, para ela não perceber que eu a estivera observando. Ela regressou à sala. Verifiquei, então, que sua cor já voltara ao normal. Limitei-me a dirigir-lhe com naturalidade algumas palavras e retirei-me, despedindo-me dela e da família Giannini.

Desanimada com tantas agressões

Apesar da singularidade dos fenômenos citados, Gema não se ensoberbece; antes, humilha-se e sente-se confusa. Em sua correspondência com o Pe. Germano, escreve:

> Parece que Jesus me ama tanto, sendo eu tão má! Sou cabeça-dura. Meu coração está repleto de toda espécie de pecados! Está também cheio de afetos e pensamentos indigníssimos e dominado pela ira, que é sua paixão dominante, deixando-se macular frequentemente por certo sentimento de inveja... Meu coração é assim! Há tanto tempo desejo ser boa, e cada vez me sinto pior! Como sou péssima! E Deus, como é bom! Vossa Reverência nem imagina como sou má!

A elevada experiência mística a mantém arredia da consciência dos próprios valores. Convencida de sua indignidade, aceita o sofrimento e o desprezo com grande paz e intenso amor. O Pe. Justino, Passionista, recorda:

> Um dia, nas ruas de Luca, encontrei-me com outro religioso e fomos os dois à casa dos Giannini. Gema estava costurando. Aquele religioso lhe dirigiu palavras insultuosas, que Gema ouviu calma e pacientemente. Apenas por duas vezes se limitou a responder:
> – Tem toda a razão! É a mais pura verdade...

Quando se vê assim ofendida e desprezada, sente-se feliz por poder assemelhar-se mais a Jesus, como relata nas *Cartas*:

> Estou no mundo, mas já me sinto tão cansada dele! Os meus verdadeiros momentos de felicidade acontecem quando me sinto desprezada e humilhada. Para dizer a verdade, momentos desses não me faltam; antes, vão aparecendo cada vez em maior número no meu dia a dia.

Também nas *Cartas*, ela desabafa que o próprio demônio não a deixa em paz e vai-lhe passando a elevada fatura de amar tão radicalmente a Jesus:

> O demônio traz-me desanimada com tantas agressões. Fere-me sempre no mesmo local, tendo-se aí formado já uma chaga que me faz sofrer bastante... Considero que tudo isso é pouco para mim, quando penso nas ofensas cometidas contra Jesus.

Um pecador que se converte

Desconcertado por tudo o que se passa com Gema, Mons. Volpi convida o Pe. Germano a realizar uma profunda análise dos fenômenos extraordinários que acontecem com a jovem, a fim de ajudá-lo em sua direção espiritual. Este procura satisfazer esse desejo do Monsenhor.

"Em um primeiro momento", diz o Pe. Germano, ainda algo descrente da veracidade desses fenômenos, "aconselhei Mons. Volpi a ter com Gema a mesma atitude que mantinha com todos os seus penitentes normais. Sugeri-lhe mesmo que a sujeitasse a um exorcismo".

Contudo, de acordo com o relato a seguir, o bom padre mudou logo de opinião ao conhecer pessoalmente a humilde e obediente jovem:

> Gema, quando me viu, reconheceu-me imediatamente, receben-do-me com sinais de regozijo... Era uma quinta-feira. No meio do jantar, Gema, pressentindo o êxtase, levantou-se da mesa e retirou-se tranquilamente para seu quarto. Pouco depois, a sra. Cecília veio chamar-me. Encontrei a jovem em pleno êxtase, cujo motivo era a conversão de um pecador... Gema não estava agitada, mas apenas algo comovida, e dizia:
>
> – Jesus, uma vez que vieste, quero pedir-te por aquele pecador... Salva-o, Jesus!
>
> E disse o nome dele. Tratava-se de um forasteiro a quem já admoestara de viva-voz e por carta, mas a quem pedia para pôr em ordem sua consciência, apesar de ter fama de bom cristão!
>
> – Jesus, por que não te compadeces dele? Não me levanto daqui enquanto não me prometeres que o salvas. Ofereço-me como vítima por todos, mas particularmente por este. Concede-me, Jesus, esta graça? Pensa que é uma alma que tanto te custou... Vai buscá-lo e toca-lhe o coração... Submete-o à prova, pelo menos.
>
> Parece que o Senhor lhe deu a entender que aquele pecador já havia extravasado a medida da sua misericórdia. Gema ficou aterrada, deixou cair os braços e exalou um profundo suspiro... Mas recompôs-se, subitamente, e voltou a insistir:
>
> – Jesus, sei que ele cometeu muitos pecados, porém mais os cometi eu e tiveste compaixão de mim! Quanta caridade não

tiveste para comigo! Recorda-te, Jesus, que quero que ele se salve. Atende-me, por caridade! Reconheço que não mereço que me ouças, mas apresento-te o mesmo pedido por intercessão de tua Mãe... Atreves-te a dizer "não" à tua Mãe? Agora, diz-me que salvaste aquele pecador!

Improvisadamente, Gema mudou de aspecto e, com ar de indescritível alegria, exclamou:

– Salvou-se! Jesus, venceste! Triunfa sempre assim!...

Terminado o êxtase, que durara uma boa hora e meia, retirei-me aos meus aposentos. Pouco depois, deram-me o seguinte recado:

– Padre, um forasteiro pergunta por ti.

Deixei-o entrar. Ele, lançando-se aos meus pés, pediu-me que o confessasse... Era o tal pecador de Gema. Acusou-se de todos os seus pecados. Consolei-o, contei-lhe o que se passara momentos antes e pedi-lhe autorização para contar o sucedido. Abraçamo-nos e ele foi-se embora.

Esse fato foi apenas um caso isolado, e não conclusivo; por esse motivo, o Pe. Germano continuou a fazer suas investigações acerca da veracidade dos fenômenos extraordinários que se passavam com Gema. Após séria reflexão, chegou finalmente a uma conclusão provisória, comunicando seu parecer ao Mons. Volpi:

Monsenhor Volpi ficou satisfeito com minha comunicação. Gema, por sua vez, suspirou de alívio ao ver reconhecidos os fenômenos extraordinários nela operados como "coisas de Deus". Poderia agora deixar-se guiar tranquilamente pelo Espírito Santo ao longo daquele caminho.

Como medida de prudência, o Pe. Germano aconselha Mons. Volpi a mantê-la em atitude de humildade: "Ocultar Gema a Gema". Procura, contudo, tirar todas as dúvidas do Monsenhor, dizendo-lhe: "Gema é ouro puro".

Para se fundamentar melhor, o Pe. Germano leva algumas páginas autobiográficas que mandara escrever à jovem.

Gema, por sua vez, fica encantada com tudo o que se passa e esforça-se por cumprir o "regulamento de vida" que lhe deixa o Pe. Germano. Alguns dias depois, escreve-lhe: "Se porventura notar algum orgulho em meu coração, não hesite: tome o trem, traga uma faca bem afiada e venha cortar-me o pescoço... Não espere nem um minuto" (*Cartas*).

A CHAMA DO MEU CORAÇÃO

"Por que me manda embora?"

No dia 30 de setembro de 1900, poucos dias antes da partida do Pe. Germano, a sra. Justina dá à luz seu último filho, de nome Gabriel. Esse acontecimento sobrecarrega a sra. Cecília, que além disso adoece. Nas *Cartas*, Gema informa o acontecimento ao Pe. Germano:

> A sra. Cecília encontra-se um pouco doente, com febre muito alta. Choro, e não sei o que fazer. Tenho a certeza de que não morrerá, mas sofro muito ao vê-la sofrer. Preferia sofrer eu em vez dela!

A sra. Cecília, submersa em um mar de perplexidades por causa de tudo o que se passa com a jovem, nem sempre consegue manter a calma. Ao perceber tudo isso, escreve uma carta ao Pe. Germano, em que desabafa:

> Quanto sofre ela por minha causa! Se a tivesse visto na quarta--feira passada! Metia dó! O diabo parece sugerir-lhe que tudo isso que se passa comigo não passa de um engano... Escreva-lhe e tranquilize-a, para que não tenha medo de mim.

Colhida pela doença, ocupada nas diversas atividades domésticas, sobrecarregada agora com os cuidados prestados ao pequeno Gabriel, a sra. Cecília fica bastante nervosa e vê-se obrigada a mandar Gema, por alguns dias, para a casa de suas tias. A bondosa senhora escreve ao Pe. Germano, dando-lhe conta da situação:

> Esta manhã, dia 14 de outubro, levei Gema a sua casa. Que sofrimento! Chorava e dizia-me:
> – Por que me manda embora? Preciso tanto de ti! Jesus, oferecer-te-ei também este sacrifício.
> Hoje irei vê-la e estarei com ela algum tempo. Coitada! Abraçava-me com força e dizia:
> – Veja onde me deixa!
> Eu lhe respondi:
> – Oferece este sacrifício a Jesus.
> E ela respondeu:
> – O sacrifício está feito.
> A seguir, deixei-a.

Santa Gema Galgani aos 23 anos de idade (reprodução de uma fotografia autêntica).

Ambiente de Luca

Gema não pode continuar em sua casa. Suas tias ficam preocupadas cada vez que a veem com manchas de sangue e não compreendem por que ela confia mais em Palmira e na sra. Cecília do que nelas. Nas *Cartas* ao Pe. Germano, Gema escreve:

> Parece-me que minhas tias estão zangadas comigo, por eu estimar a sra. Cecília e Palmira mais que a elas... Ontem, uma de minhas tias me agarrou pelo pescoço, levou-me diante de um crucifixo, pretendendo obrigar-me a dizer que conto a Palmira tudo o que de extraordinário acontece comigo. Confesso-lhe que preferia sofrer qualquer afronta a contar a minhas tias algum desses fenômenos extraordinários. De fato, se alguma vez entrei em êxtase na igreja em presença delas, logo me abandonaram, ou me acordaram à força de arrepelões...

Para compreendermos todo o cuidado que havia em ocultar os fenômenos extraordinários que se operavam em Gema, é necessário que se tenha presente a realidade de Luca. Tratava-se de uma localidade de gente ativa e empreendedora. Foi a primeira cidade italiana a fazer o cultivo do bicho-da-seda. Luca caracterizava-se pelo sentido social de sua fé cristã. Nessa época, foram fundados ali vários centros de assistência social e institutos de beneficência. As procissões populares com o crucifixo da "Santa Face", característico de Luca, costumavam concluir-se com uma ação caritativa em favor dos mais necessitados. Mas, ainda no tempo que viveu Gema Galgani, começou a surgir uma onda de anticlericalismo. Circularam várias revistas com a intenção nítida de combater ou ridicularizar a fé cristã. Algumas de caráter meramente jocoso e outras claramente blasfemas ou pornográficas. Se fossem divulgados, certamente os fenômenos extraordinários operados em Gema Galgani suscitariam a crítica e o escárnio dos adversários da fé católica.

Foram tão grandes a reserva e o cuidado em conservar ocultos esses fenômenos que, embora vivesse em Luca, Isolina Serafini (1854-1930), na qual ocorriam os mesmos fenômenos, nunca chegou a conhecer Gema! Ela apenas soube do que se passava com a jovem na ocasião em que foi velar seu corpo, como nos confessa:

> Seu rosto era belo. Parecia uma Nossa Senhora das Dores. Eu não me cansava de olhar para ela. Naquele momento, veio-me à ideia não tanto rezar "por Gema", mas antes "encomendar--me" a ela: "Gema, tu que já estás com Jesus, roga por mim!".

Passados os momentos de mau humor citados anteriormente, a sra. Cecília resolve levar Gema novamente para a casa da família Giannini.

Os êxtases

Em palavras simples, o "êxtase" é um estado psíquico no qual a pessoa se encontra como que transportada para fora de si e do mundo perceptível, sentindo-se inefavelmente unida ao transcendente. Em nosso caso, "o transcendente místico cristão". Trata-se de uma profunda e séria experiência religiosa.

São dignos de enorme admiração os serviços prestados a Gema pela sra. Cecília. No meio do torvelinho doméstico, nunca a perde de vista, a qual entra frequentemente em êxtase, até mesmo à mesa, mas sobretudo quando vai comungar. Nesse último caso, a sra. Cecília vai retirá-la suavemente da mesa da Comunhão.

O Pe. Germano lhe encarrega de anotar as frases que ouve de Gema nos momentos de êxtase. Desse mesmo trabalho, também se responsabiliza, por vezes, Eufêmia. Dos registros feitos pelas duas mulheres, conservam-se 141 testemunhos de êxtases de

Gema Galgani. O primeiro data de 5 de setembro de 1899, em que ela tinha apenas 21 anos. O último é de 12 de janeiro de 1903, ou seja, três meses antes de sua morte. Eis como se inicia o primeiro:

> Jesus, tu és o único amor de todas as criaturas... Acende a chama do meu coração... Gostaria de amar-te com todo o meu coração!

Em seu último êxtase, já muito debilitada, apenas consegue dizer:

> Jesus, pedes-me amor, mas eu não o posso dar, se antes não me concederes... Desejo a perseverança final, uma boa morte e a seguir, o Paraíso! Mas... o que é que sinto? Senhor, não posso entregar-me a tanta doçura. O que é que sinto, Senhor?

Assim decorre a vida de Gema, entre sofrimentos constantes e fogo ardente de amor.

Profundamente humana

Gema procura ser útil. Fala pouco, mas é muito responsável e cumpridora dos seus deveres. Seu trabalho principal é "remendar" as roupas da casa. A lavadeira, sra. Zefira, recorda-se dela "sentada em uma pedra à porta da cozinha, serzindo meias, em atitude serena e sorridente". O Pe. Gentil Pardini lembra-se dela em uma atitude "tranquila e feliz, parecendo uma criança brincando".

Gema sente um carinho muito especial pelas crianças. Pega o pequenino Gabriel nos braços e fica como que extasiada diante de tanta inocência. Mas seu preferido é Carlos Giannini, brincalhão e travesso, que não sabe viver sem ela. Logo que ele se levanta, corre ao quarto da jovem, cobrindo-a de beijos. Gema não esconde sua simpatia pelo menino. Em uma das *Cartas* ao Pe. Germano, chega a ponto de pedir:

> Quando enviar a bênção a todos, não se esqueça de acrescentar: "Em especial para o Carlitos". Gosto muito dele e farei com que seja todo de Jesus... Todas as noites, ao deitar-se, quer que seu anjo da guarda lhe dê um sorriso... Eu, embora não veja seu anjo da guarda, tenho de lhe dizer que ele está sorrindo, senão ele chora e não adormece...

Como sua amizade e preferência por Carlos poderiam ser mal interpretadas, Gema procura dominar-se. Em certa ocasião, fez meias novas para todos, menos para Carlitos. Teve, contudo, o cuidado de pedir à sra. Cecília que ela mesma as fizesse, a fim de que o menino não se sentisse inferiorizado perante os outros. Mais tarde, em 1922, esse menino, já com o nome de sr. Carlos Giannini, mandou edificar a capela onde foram guardados, por algum tempo, os restos mortais de Gema Galgani, no convento das Irmãs Passionistas de Luca.

"O orgulho" de uma Galgani

Gema é muito humana, por isso não faltou quem a apelidasse frequentemente de "soberba". O próprio Pe. Germano adverte-a de certa intemperança em suas atitudes. Letícia Bertucelli, antiga criada dos Galgani, afirma que "Gema se irritava considerando que seu pai, por vezes, assinava imprudentemente letras de câmbio para outras pessoas". Maria Bianchini, encarregada de recados das Doroteias, considera que Gema "não se resignava devidamente à vontade de Deus, porque ficava nervosa quando as pessoas que esperava não chegavam a tempo".

Gema mantém atitudes conflituosas com a sra. Cecília porque esta a proíbe de fazer um retiro espiritual com as Irmãs Passionistas de Corneto. A sra. Cecília queixa-se ao Pe. Germano: "Gema não me parece a mesma. Mostra-se indiferente comigo, mal me fala e, se lhe pergunto alguma coisa, responde-me por meias palavras".

A jovem conserva vivo o "orgulho" do nome de família e de classe. Os Galgani possuíam certa posição social. Ela, mesmo inconscientemente, deixava-se empolgar por certa aura de superioridade... A Madre Inês, Doroteia, dá o seguinte testemunho:

> Certa manhã, Gema veio dizer-me:
> – Madre, parece que me querem enviar às compras à praça...
> – Quem?
> – Um senhor que trabalha em nossa casa...
> – E qual é o problema de ir à praça com a cesta? Jesus também está lá na praça!
> Gema, caindo em si, respondeu:
> – Sim, então vou!

O referido senhor, que trabalhava na farmácia dos Galgani, montou o próprio negócio, fazendo concorrência aos antigos patrões. Ela se sente muito ofendida ao ver que sua família ficara grandemente prejudicada com isso.

O Pe. Germano não desperdiça nenhuma ocasião de mantê-la nos limites de sua humildade:

> O que foi, Gema? Jesus, ofendido por tantos pecados, pede vítimas para acalmar a justiça do Pai; e nós nos mostramos tão avessos ao sofrimento, que qualquer contrariedade nos torna taciturnos e nos faz perder a calma! Ai, Gema, Gema! Esqueceste-te da tua missão?

Consciente de seus defeitos, Gema luta até o heroísmo. Alguém a ofende gravemente, e ela, em êxtase, se queixa a Jesus. Seu desabafo pode ser encontrado nos *Êxtases*:

Jesus, encomendo-te o meu maior inimigo. Que importa que me faças sofrer a mim? Se não fosse a tua ajuda, não sei se seria capaz de me conter. Aflorou ao meu espírito o instinto de vingança [...], mas vingar-me para quê? Estou muito envergonhada [...], mas, com a tua ajuda, espero vencer-me.

"Depois nos confessamos..."

A vida de Gema é muito difícil. Na casa dos Giannini, pouco fala. Está sempre atenta para não causar problemas à família... Para onde iria se a mandassem embora dessa sua segunda casa? Os problemas são muitos, mas ela não permite que a abalem. Todo seu ser irradia uma luminosa serenidade; tem um olhar brilhante e, por vezes, deixa escapar algumas expressões de bom humor.

Com as Doroteias ou "Irmãzinhas", como ela as chama carinhosamente, encontra-se muito à vontade, sobretudo com a Irmã Maria. Vão juntas às compras ou dar recados. Brincam espontaneamente entre si, como duas garotinhas.

Certa ocasião, quando limpavam juntas a sacristia, a Irmã volta-se para Gema e pergunta-lhe:

– Gema, queres varrer um pouco?

– Por que não?

– Mas tu sabes mesmo varrer?

– Eu não sei nada, mas, se é a Irmã Maria que manda... – responde Gema, com um sorriso irônico e amigo.

Em uma das visitas do Pe. Germano à família Giannini, a Irmã Maria vai cumprimentá-lo em nome de sua comunidade religiosa. Quando se encontram, saúdam-se com um simples olhar, mas o Pe. Germano interpela-as: "Então, não dais um beijo uma à outra?". Gema ficou muito contente por aquela atitude de seu austero diretor, que naquela ocasião foi extremamente compreensivo e simpático.

Em outra ocasião, vai com a sra. Cecília à igreja do "sufrágio", onde havia uma estátua do casamenteiro Santo Antônio. Ao sair, sua amiga Isabel Bastiani pergunta-lhe intencionalmente o que tinha pedido ao Santo. Ao que Gema contesta graciosamente:

– Mas, o que havia de pedir uma menina solteira a Santo Antônio?

Seu confessor, Mons. Volpi, vendo que a jovem está demasiado tempo no convento das Doroteias, manda-lhe dizer que volte para casa. A sra. Cecília vai buscá-la, mas ela não fica muito contente com aquela imposição:

– Por que não diz a Monsenhor que já fui embora?

– Então, a menina quer que eu diga uma mentira?

– Não se atrapalhe, depois nos confessamos! – responde Gema com um tênue sorriso.

Gema chega mesmo a brincar em sua correspondência normal com seu diretor espiritual, o rigoroso e austero Pe. Germano. Quando a Santa Sé nomeou consultor da Sagrada Congregação das Indulgências o famoso Sacerdote Passionista, Gema escreveu-lhe com muita finura: "Pe. Germano, ainda me pareceu pouco... Esperava mais. Cardeal, por exemplo! Mas isso será para a próxima vez, não te parece? Agora estou confusa porque não sei como tratar-te, se por Pe. Germano ou por Excelentíssimo Senhor Pe. Germano!" (*Cartas*).

O Pe. Germano, por sua vez, também se corresponde jocosamente com Gema por algum tempo, valendo-se do pseudônimo Pe. Bartolomeu de Santa Bárbara. Esse fato pode ser encontrado nas *Cartas*, em que Gema, muito esperta e arguta, responde-lhe da seguinte maneira:

Pe. Germano, agora tem-me escrito o Pe. Bartolomeu, como Vossa Reverência já me tinha prevenido, devido às tuas demasiadas ocupações... Mas olhe que as cartas dele produzem em mim o mesmo efeito que as tuas. Parecem-se tanto com elas, que eu diria que são escritas pela mesma pessoa!... Os dois têm até a mesma caligrafia.

Gema tem a capacidade de brincar consigo mesma, de vez em quando. Eis o modo como principia uma de suas cartas ao Pe. Germano: "'Vejamos o que nos dita agora esta cabecinha da pobre Gema', pensará Vossa Reverência ao abrir esta carta..." (*Cartas*).

FLAGELOS E ESPINHOS

Os fenômenos extraordinários que acontecem com Gema não são fatos isolados, mas representam a continuidade do sofrimento da pobre vítima de Jesus. O trecho a seguir foi extraído de uma das *Cartas* ao Pe. Germano, em que ela assim se exprime:

> Jesus já adquiriu o hábito de me enviar sempre uma prenda de dor todas as quintas e sextas-feiras. Desta vez juntou algo mais precioso: fez-me sentir alguns golpes da flagelação... Foi muito doloroso... Estando nós a rezar para que Jesus fizesse desaparecer da minha carne alguns sinais exteriores, eis que me surpreende com esse novo dom!

Esse novo fenômeno ocorreu nos meses de fevereiro e março de 1901, na Quaresma, ao qual Gema faz apenas uma breve alusão. Mas algumas testemunhas oculares o descrevem mais pormenorizadamente: "[...] suas pernas estavam cobertas de chagas, com grandes e profundos cortes..." (Eufêmia Giannini). "[...] A sra. Cecília levou-me a ver Gema. Sentada em um sofá, a pobrezinha tinha as pernas cobertas de chagas até aos joelhos..." (Justina Bastiani).

Em uma *Carta*, a sra. Cecília escreve:

Certa ocasião, verifiquei que Gema estava sofrendo mais que habitualmente. Sentei-me ao seu lado, observando-a. De quando em quando, lá deixava escapar um gemido. Tinha entrado em êxtase. Peguei-lhe na mão e observei seu braço coberto de sangue e feridas... Eu não entendia o que era aquilo, mas ouvi Gema murmurar durante o êxtase:

– Jesus, serão os teus açoites!

Isto aconteceu durante as sextas-feiras de março de 1901. [...] A flagelação acontecia com feridas cada vez mais profundas. [...] Na última sexta-feira de março, ao contemplá-la naquele estado lastimável, exclamei:

– Já chega! Basta! Em obediência ao Pe. Germano, ordeno-te que te levantes e que vás ao quarto de Justina.

Levantou-se prontamente e disse-me:

– Não sabes como te estou agradecida!

Passados alguns momentos como este, em que lhe aconteciam fenômenos extraordinários, Gema agradecia a Jesus. Eram ocasiões de grande sofrimento, mas ela sofria calada.

Deixemos aos cuidados dos especialistas a explicação técnica desses acontecimentos. A nós, interessa-nos a atitude de Gema, seu comportamento sereno e sublime. Aliás, ela não gosta absolutamente nada de ser motivo de espetáculo, chamando a atenção das pessoas: "Tenho pedido tanto a Jesus para que a minha vida seja igual à das outras pessoas! Felizmente às sextas-feiras já não se forma em mim qualquer chaga, mas o sangue brota-me por todas as partes do corpo..." (*Cartas*).

A coroação de espinhos

Gema não é uma pessoa histérica, nem suas reações são de verdadeira histeria. Ela demonstra muito equilíbrio, humildade e bom senso: "Tanto se me dá que Jesus me premie ou me castigue... Prefiro até que me castigue, pois é o que mereço...

Contudo, perante a cruz, os meus sentidos retraem-se e minha carne treme..." (*Cartas*).

O que a preocupa é pura e simplesmente "amar Jesus": "Jesus não me pede outra coisa senão amor... E eu não quero morrer sem antes amar Jesus e amá-lo muito, muitíssimo" (*Cartas*).

No trecho a seguir das *Cartas*, datado de 9 de janeiro de 1901, ela descreve a premonição do anjo acerca de sua nova maneira de sofrer:

> Trazia duas formosas coroas: uma de espinhos e outra de lírios. Perguntou-me qual das duas eu preferia.
> – A de Jesus! – eu lhe disse.
> Colocou-me, então, a coroa de espinhos na cabeça... Comecei logo a sofrer... Mas tratava-se de um doce e suave sofrimento, acompanhado de enorme afeto a Jesus e do desejo de sofrer cada vez mais e de voar para junto dele.

Não nos alongaremos mais na descrição dos fenômenos extraordinários que se operam em Gema, porque não é o aspecto mais importante de sua vida. Fenômenos como esses têm acontecido ao longo dos tempos na história da Igreja e não faltam estudos sobre eles, para os quais remetemos os leitores.

Traços decididos e enérgicos

Gema está fisicamente debilitada. O sofrimento físico, aliado ao sofrimento espiritual, acaba por esgotar suas energias. A tudo isso, vêm-se juntar a precária situação familiar e os desgostos provocados pela irmã Angelina. Esta lhe envia uma carta um tanto provocativa, a que Gema responde, sem rodeios:

> Escrevo-te para saberes que recebi tua carta. Conste, contudo, que não mereces resposta, porque senti que a escreveste sob pressão, sem saberes o que dizias.

> Escuta-me de uma vez para sempre. Que te dei maus exemplos, que te ensinei coisas más, que te escandalizei? Tudo isso eu sei perfeitamente! Já o confessei e espero que me tenhas perdoado. Agora, apenas procuras desafogar a tua raiva recordando o tempo em que vivíamos juntas. Fica sabendo, também que, se Deus quisesse que me confessasse em público, eu não teria medo de fazê-lo, com voz clara e forte, sem necessidade de nada esconder. Espero que desta vez tenhas entendido bem.
>
> Desejo-te um Natal feliz e boas-festas. Espero que entendas que, se pecar, acontece com os santos, mas obstinar-se no pecado é obra de demônios...
>
> Adeus e procura ser boa. Tua irmã, Gema.

São admiráveis o ardor e a nobre indignação dessa carta. Gema não condescende com o mal ou com a vingança. Um santo não pode ficar indiferente perante a defesa dos valores humanos e de sua própria dignidade. Podemos imaginar, nessa ocasião, Gema escrevendo nervosamente, depressa, com rasgos decididos e enérgicos.

Rejeitada pelas Irmãs Passionistas

O desgosto mais profundo de Gema é ver-se rejeitada pelas Irmãs Passionistas. Desde sua Primeira Eucaristia, sentia o desejo de consagrar-se ao Senhor. Durante uma grave enfermidade, de que se livra por intermédio de Santa Margarida Maria Alacoque, faz a promessa formal de se tornar religiosa, embora sem especificar o instituto. Em alguns êxtases, deixa entender que Jesus quer que ela seja religiosa. Certo dia, quando lhe sugere que peça a Jesus o fim de todos os fenômenos extraordinários que nela se operam, Gema responde prontamente ao Pe. Germano: "Jesus diz que me concederá essa graça logo que entre para o convento" (*Cartas*).

Mas, em julho de 1902, Jesus anuncia-lhe novos sofrimentos "para quando ingressar no convento" (*Cartas*).

No momento que sabe da existência das Irmãs Passionistas, seu desejo é tornar-se uma delas. Esse propósito ganha consistência ao conhecer a Irmã Josefa Armellini, primeira superiora do convento passionista de Luca, em 1905. Gema escreve-lhe dez cartas, mas vê seus intentos frustrados. Então, em tom quase profético, afirma: "Se não me querem em vida, procurar-me-ão depois de morta!".

Medos e tentações

A vida de Gema definha-se em plena juventude. Algumas antigas companheiras de colégio que a visitam, surpreendem-se por encontrá-la "envelhecida, pobremente vestida, pálida e magra". Ana Gatai, sua antiga companheira, que na ocasião era dona de uma loja de confecções, vai visitá-la na casa dos Giannini. Mais tarde, ela nos dá o seguinte testemunho:

> Quando vi a pobre Gema, fiquei sobressaltada, mas ainda me atrevi a perguntar-lhe:
> – Gema, recordas-te de mim?
> Gema esboçou um sorriso afirmativo e supliquei-lhe:
> – Reza por mim!
> Ela respondeu-me em um tom de voz quase imperceptível:
> – Sim!

Além da doença, também a vida penitente e sacrificada exerce uma forte influência em seu estado físico extremamente débil. Come pouco, dorme mal e carrega um duro cilício... Por outro lado, vê-se, noite e dia, assediada pelo demônio, que lhe aparece nas mais variadas formas para provocá-la e levá-la pecado. Gema assusta-se, suplica, ora e pede ao Mons. Volpi para lhe "fazer exorcismo", ao qual ele não atende.

Seu maior tormento são as tentações contra a castidade. Gema prefere morrer a pecar contra a castidade. Conserva intacta a virgindade do corpo e do coração. Mas não pensemos que essa luta foi fácil, como se depreende de um dos textos finais de sua vida, extraído das *Cartas*:

> Estou em paz, embora perturbada por algumas tentações feias, com imagens e pensamentos estranhos... Contudo, sinto-me tranquila sabendo que nunca ofendi a Jesus. Mas essa luta não acaba, Padre! De noite estou só com Jesus para combater e lutar.

Um problema que muito a aflige é pensar que está enganando a si mesma e às pessoas. Dizem-lhe que tudo o que lhe acontece é pura histeria... Ou uma maneira de iludir suas frustrações e fracassos... "Não será mesmo assim?", interroga-se a pobre Gema. Mas o que ela sente é muito forte e muito verdadeiro. Suas experiências místicas se apoderam de todo o seu ser, e tudo lhe parece verdade. O que ela sente é tão diferente daquilo que é comentado! Isso provoca nela um conflito interior e até certa insegurança, que tanto a fazem sofrer. Lembremo-nos de que ela se fez "livremente" vítima de Jesus... Vejamos o que ela própria relata ao Mons. Volpi: "Estou assustada. Esta manhã alguém falava com meu irmão fazendo chacota de mim... Minhas tias também riem de tudo isso..." (*Cartas*).

Alguns dias depois, escreve: "Ontem Jesus deu-me a entender o que as pessoas pensam a meu respeito: uns acham que sou sonâmbula, outros pensam que isso é doença, outros, ainda, que eu mesma provoco as chagas nas mãos e nos pés..." (*Cartas*).

"A ovelhinha"

Em carta ao Pe. Germano, Gema parece convencida de que o que se passa com ela são fenômenos histéricos: "O meu confessor diz que devo ficar no mundo e que não devo entrar para um convento, porque sofro da doença do histerismo..." (*Cartas*).

De modo contrário ao que pensam e dizem certas pessoas, a sra. Cecília assim se exprime:

> Gema não provocava propositadamente os seus êxtases com o intuito de evitar o trabalho e as canseiras diárias, porque logo a seguir trabalhava com mais afinco. Nunca estava ociosa, mas arranjava sempre alguma coisa com que se ocupar.

Porém, o medo de que seja um joguete da ilusão continua presente nas *Cartas*:

> Pelo amor de Deus, Pe. Germano, diga-me se não estou me iludindo e enganando os outros! Tenho tanto medo de que essas coisas transpareçam ao exterior. A sra. Cecília diz-me que não. Que Jesus me conceda a graça de sofrer, mas de tal modo que ninguém saiba. Não quero enganar ninguém.

Contrariamente ao conhecido orgulho das pessoas histéricas, Gema destaca-se por sua humildade: "Pobre Jesus! Não se envergonha de vir manchar suas mãos neste lamaçal do meu corpo" (*Cartas*).

Certo dia, vai ao convento das Doroteias. Ao chegar lá, toca a campainha, mas a Irmã porteira atrasa-se. Entretanto, uma senhora que ali estava, ao ver Gema, comenta com o marido: "É uma pobre infeliz!". Gema olha para ela e agradece a "lisonja" com um singelo sorriso.

As pessoas apelidam-na ironicamente de "ovelhinha", porque costuma caminhar lentamente e sempre atrás da sra. Cecília.

Certa ocasião, ao sair do convento das Doroteias, um grupo de rapazes tenta ridicularizá-la por causa do crucifixo que leva ao peito. Alguns mais atrevidos a fazem cair por terra, mas, graças a uns transeuntes, consegue sair ilesa dessa afronta. Posteriormente, esses jovens se recordam de como ela se levantou do chão "calma e sem nervosismo", feliz por ter-se assemelhado a Jesus na via-sacra.

Em contínua união com Jesus Crucificado, Gema aprende a virtude da humildade. Em suas *Cartas*, suplica-lhe a graça de ser tratada como a "humilde serva do Senhor":

> Peço-te, Jesus, que me escondas aos olhos de todos. Desejo ver-me humilhada [...], que não façam caso de mim. Quero entrar para um convento de servas ou escravas, ocupando-me ali dos trabalhos mais desprezíveis.

AMOR, SÓ PURO AMOR

"Jesus, faz-me morrer de amor por ti"

A lição mais sublime de Jesus não é a humildade, mas o amor. "Tendo amado os seus que estavam no mundo, amou-os até o fim" (Jo 13,1). Gema é uma ótima aluna das lições do amor. Esse sentimento está presente em diversas frases de sua autoria, entre as quais se destacam as relacionadas a seguir, que foram extraídas dos *Êxtases*:

> Será possível existir um coração que não palpite de amor por ti? [...] Concede-me o dom de sofrer; desse modo poderei dizer que te amo... Foi verdadeiramente o amor que te levou à morte. Jesus, faz-me morrer também de amor por ti. [...]
> Jesus na terra, Jesus na vida, Jesus no céu: eis o que me sustém. Quem poderá, meu Jesus, dizer o que se passa num coração todo abrasado de amor por ti? [...]
> Meu pobre coração, como não te abrasas todo em amor a Jesus? Jesus, amo-te muito e quero amar-te sempre. Queres saber por quê? Porque no mundo não há amor tão sincero e profundo como o teu. [...]
> Jesus, dizes que me amas, mas eu não acredito, porque não se podem amar duas coisas contrárias: tu amas a perfeição, e eu sou tão imperfeita!

Entre as *Cartas*, vale destacar uma datada de 22 de maio de 1901, que se conserva no Santuário de Santa Gema, em Barcelona. Nela, pode-se ler:

> Padre, se porventura conhecer lá em cima, nos céus, algumas dessas almas amantes de Jesus, pergunte-lhes que solução encontraram quando, feridas de amor, sentiram a imensa dor desse amor que abrasa! Padre, diga-me que estou louca... Sofrer é pouco, arder num doce fogo é pouco, morrer é pouco, consumir-me é pouco... Que poderei oferecer, então, a Jesus?

"Doente por amor", assim ela se autodefine. Seu coração atinge tal intensidade de amor que se dilata; como consequência, suas costelas se levantam. Esse fato foi testemunhado por várias pessoas e pode ser comprovado em seu cadáver.

Vítima pelos pecadores

Todos os textos seguintes foram retirados das *Cartas* de Gema. No primeiro, Jesus a escolhe como vítima pelos pecados do mundo e quer que ela se consuma no fogo de uma vida humilde, pobre e sofredora. Jesus avisa-a com antecedência dessa predileção:

> Ontem, durante a missa da meia-noite de Natal, quando o sacerdote fazia sua oferenda, vi Jesus que me oferecia como vítima ao Pai... Estava muito contente e apertava-me contra o peito. A seguir, apresentou-me à sua Mãe e disse-lhe: "Deves olhar para esta minha querida filha como para um fruto da minha Paixão".

Em 1889, com a idade de 20 anos, ela escreve a seu confessor: "Jesus disse-me que não devo pensar em mais nada a não ser nos pobres pecadores".

Em fevereiro de 1900, no período do Carnaval, relata:

> Naquela noite disse a Jesus que minhas forças estavam no fim...
> Jesus respondeu-me:
> – Filha, também eu não posso sofrer mais as ofensas que me fazem. Durante estes dias cometem-se muitos pecados, e já não posso suportá-los. Tu, com teus sofrimentos, procura deter a ira de meu Pai, para que não caia sobre os pecadores. Não desejarás fazer isso de boa vontade?
> Respondi-lhe que sim, mas que tinha medo de não ser capaz...

Em agosto de 1900, escreve ao Pe. Germano:

> O meu espírito está pronto, mas meu corpo é fraco, muito fraco e preguiçoso. Mas tudo farei por Jesus! [...] Se eu soubesse quanto Jesus se encontra aflito! [...] Ele está quase sempre só! Causa-me muita pena ver Jesus no meio de tantas dores! Há momentos em que se apodera de mim uma tão grande paixão, um desejo tão ardente de sofrer as dores mais atrozes... que me vejo como que obrigada a procurá-las por mim mesma...

Em um êxtase, ocorrido em setembro de 1899, ela desabafa:

> Tenho de pensar unicamente nos pecadores. As vítimas têm de ser inocentes, e eu não tenho nada de inocente... Cometi tantos pecados, e tu usaste sempre de misericórdia para comigo... Espera, Jesus, desafoga comigo, mas espera. Seja qual for o sofrimento que me mandes, nada recusarei.

"Sem Jesus, não posso viver"

Jesus pega-lhe pela palavra, e Gema acaba em um abandono desolador. Sua vida está chegando ao ocaso, consumida em dor e amor. A semente do Batismo germinou e amadureceu na fé, na esperança e na caridade. A jovem está pronta para a colheita. Falta apenas a trituração no moinho do abandono.

Ser Passionista não passa de mera ilusão. Nos primeiros dias de março de 1902, as amigas Eufêmia e Anita fazem seu retiro espiritual com as Irmãs Passionistas de Corneto. Gema quer acompanhá-las, mas isso lhe é vedado, porque a Madre Superiora "não quer empestar o convento".

No mês de maio, adoece novamente. A sra. Cecília informa ao Pe. Germano: "Gema está em pele e osso". O bom sacerdote a visita no mês de junho e certifica-se de que tudo o que lhe acontece é obra do Espírito Divino. O diálogo com a heroica jovem o leva à convicção cada vez mais profunda de que tudo o que nela se realiza é obra de Deus.

> De uma coisa não posso duvidar: a minha alma tem usufruído grandes benefícios espirituais, como resultado do contato com essa serva de Deus. Tenho vindo a sentir que meu coração tem rejuvenescido na fé, no desejo das coisas do céu e no amor à virtude (*Biografia de Gema Galgani*).

Próximo ao dia 16 de junho, após uma acalorada discussão com o confessor de Gema, Mons. Volpi, o Pe. Germano sai de Luca pondo em dúvida seu método de explorar indevidamente a sinceridade da inocente jovem. De fato, Mons. Volpi encarrega seu secretário particular de submeter a virtuosa heroína a um minucioso interrogatório sobre tudo o que de extraordinário lhe acontecia. Ela, um tanto intrigada, desabafa:

– Por favor, por que não me fala de Jesus?

Ao ter conhecimento do sucedido, o Pe. Germano admoesta o próprio Mons. Volpi em termos bastante incisivos:

> Monsenhor, Vossa Excelência cometeu um grande erro! Informe-se do que pretende com Gema, mas não envie emis-

sários... Deus faz o milagre de manter ocultos os fenômenos extraordinários operados em Gema e Vossa Excelência tenta divulgá-los!... O seu emissário sacerdote o dirá a outro sacerdote, o médico à sua esposa, e assim tudo cairá na praça pública... Não se fie em emissários. Terá ainda necessidade de mais provas? Não vê como tudo em Gema se desenvolve com a máxima calma? Por que não deixa que essas coisas passem despercebidas? Dir-me-á: "É que subsistem dúvidas". Mas será que ainda duvida? Se assim acontecer, vá comprovar tudo com seus próprios olhos.

Alguns dias após ter saído de Luca, precisamente no dia 22 de junho, a jovem escreve ao Pe. Germano: "Para onde quer que eu vá, Jesus vai comigo. Sem ele não posso viver. Meu coração está sempre unido a Jesus, e vou-me consumindo cada vez mais como vítima no fogo do seu amor" (*Cartas*).

"Gostaria de ser como toda a gente"

Gema parece ter recuperado um pouco as forças, mas continua a consumir-se como vítima de Jesus... Levada por excessivo zelo, pede a ele que lhe elimine o paladar, mas o diabo tenta-a por isso. Nas *Cartas*, ela comunica esse fato a seu diretor espiritual:

> Sabe a que se agarra o diabo?... Eis o que ele me segreda:
> – Como vais agradar a Jesus, se ele te suprimir o sentido do paladar? Isso te parece uma coisa boa? Assim, tua vida será muito cômoda, não é?! Se não fizeres penitência, espera-te um longo purgatório... O próprio inferno está aberto a preguiçosos como tu...

Com o intuito de se restabelecer um pouco, Gema acompanha a sra. Cecília à bela praia de Viareggio, onde a família Giannini está passando alguns dias de férias. A pobre jovem sofre imensamente por se sentir diferente dos outros: "Olhava para as pessoas de casa, para Anita e Eufêmia, e pensava: 'Como gostaria de ser uma pessoa normal como elas, sem fenômenos extraordinários em minha vida!'" (*Cartas*).

Eufêmia, por sua vez, recorda-se dos dias passados com Gema na praia:

> Gema ia conosco, mas não tomava banho de mar, embora gostasse de nos ver nadar... Foi sempre uma pessoa natural, simples e reta em todos os seus atos, sem afetação, séria e reservada, mas educada e bondosa para com todos...

Ao regressar da praia, encontra sua irmã Júlia em um estado lastimoso, magra e muito debilitada. De fato, Júlia falece no dia 19 de agosto de 1902. Gema dá essa notícia ao Pe. Germano: "Júlia morreu. Reze por ela. Jesus é força e alento, e é nele que eu recupero as forças e o alento" (*Cartas*).

Com a morte de Júlia, desmorona-se um pouco mais o edifício de sua família. A própria Gema não se sente bem, como revela em uma de suas *Cartas*, datada de 29 de agosto de 1902:

> Há três dias que o meu estômago não consegue reter qualquer alimento, a não ser uma canjinha. Antes ainda retinha o leite, agora nem isso... A sra. Cecília obrigou-me a tomar um pouco de leite, mas comecei a pôr sangue até pelo nariz!

"Prepara-te, aperfeiçoa o teu espírito e pronto..."

Entre as *Cartas* endereçadas ao Pe. Germano, está a correspondência escrita no dia 9 de setembro, a qual está relacionada a seguir:

Não sei se teve conhecimento do que me aconteceu na terça-feira. Estava quase adormecendo, quando me pareceu ver uma linda senhora... Gritei e chamei pela sra. Cecília. Não sei se veio ou não, porque logo entrei em êxtase e o mundo pareceu desaparecer todo à minha volta... A minha Mãe celeste olhava-me e, sorrindo, disse-me:

– Minha filha querida, és para mim como que o perfume de um agradável incenso!

Tomou-me em seus braços, e eu quase morri de doçura... Achou-me ainda um pouco pobre (pouco madura para o céu) e convidou-me à perfeição da humildade e da obediência. Depois pronunciou umas palavras cujo significado não entendi completamente:

– Filha, prepara-te, aperfeiçoa o teu espírito, e pronto...

Aquele "pronto" provocou em mim um tal sobressalto que não consegui falar. Abri os olhos e interroguei-a com o olhar. Ela me respondeu:

– Diz ao Padre (Pe. Germano) que, se ele não te levar para o convento, eu te levarei em breve para o Paraíso... Encontrar-nos-emos juntas muito mais depressa do que ele julga.

Nem sei o que me parece o mundo, depois destas experiências! Pedi-lhe, contudo, que me concedesse mais um pouco de vida. E ela logo me prometeu:

– Diz a teu Padre (Pe. Germano) que, se ele não te levar para o convento, eu voltarei e levar-te-ei comigo para o Paraíso.

De fato, recuperei a saúde naquele mesmo dia...

No dia 21 de outubro, ela cai novamente doente. Isso foi provocado, em parte, à dor sofrida pela morte do irmão Antônio, que falece nesse mesmo dia. A sra. Cecília avisa o Pe. Germano, que acorre imediatamente à sua casa. Diante do estado de Gema, administra-lhe o sacramento da santa unção. É o próprio Pe. Germano quem nos descreve esse encontro:

– Então, Gema, o que se passa?
– Padre, vou partir para junto de Jesus.
– Falas mesmo a sério?

– Sim, desta vez é mesmo a sério. Foi Jesus quem me disse com toda a clareza.

– E quando te vais purificar de tuas faltas?

– Jesus já pensou em tudo. Vai-me enviar muitos sofrimentos, e eu santificarei as minhas dores pelos méritos da sua paixão. Ele, finalmente, dar-se-á por satisfeito e levar-me-á com ele...

– Mas eu não quero que te leve já.

– E se o quer Jesus? – respondeu ela com particular vivacidade.

Gema discorre depois sobre "as mais minuciosas particularidades concernentes à sua morte". O Pe. Germano pede alguns esclarecimentos, e ela lhe transmite a seguinte recomendação: "Não quero que ninguém toque no meu cadáver, porque é todo de Jesus".

Diante de tudo isso, o sacerdote emociona-se, como ele próprio nos revela:

> Embora acostumado às frequentes transformações que se operavam em uma alma tão grande, confesso que daquela vez chorei. Aquele dia, aquele quarto e aquele leito jamais se apagarão da minha memória...

Ao ver-se obrigado a regressar a Roma por assuntos de trabalho, o Pe. Germano pergunta a Gema quanto tempo vai durar sua enfermidade. Ela lhe responde: "Padre, pode-se ir embora quando quiser. Esta será minha última doença, mas minha hora ainda não chegou. Foi o que me disse Jesus".

O Pe. Germano conclui: "Abençoei aquele anjo pela última vez e despedi-me" (*Biografia*).

ABANDONADA SOBRE A CRUZ

Os médicos não chegam a nenhum acordo sobre a natureza da doença de Gema. Alguns dizem que é tuberculose. O Dr. Del Prette, após minuciosas análises, não encontra o bacilo da tuberculose, mas apenas alguns sintomas de diabetes e pensa que se trata de uma "neoplasia pulmonar".

Embora sofra no corpo, é em seu espírito que se notam os maiores tormentos. Nas *Cartas*, ela desabafa:

> Acabarei por ser abandonada por todos, como realmente mereço... Não entendo bem o que acontece comigo. Há como que um mistério em mim. Tudo me parece obra do demônio que me quer arrastar para o inferno, onde já estou ou pouco me falta para aí cair. Sinto-me desfalecer, pelo que serei presa fácil do maligno. Estou à beira do desespero, mas..., ó Maria, Mãe dos órfãos, tem piedade de mim!...

Vê-se obrigada a deixar a família Giannini

Como precaução para evitar o contágio, a família Giannini opta por isolar Gema do convívio com os demais. A sra. Cecília informa ao Pe. Germano:

Nem sequer imagina o que nos dizem por termos uma jovem tísica em uma casa de doze filhos! Dizem que estamos loucos, que o sr. Mateus é um santarrão, que a sra. Justina perdeu o juízo e que sou uma exaltada.

Para solucionar o difícil problema, as tias de Gema, Elisa e Helena, alugam uma casa perto dos Giannini. No dia 24 de janeiro de 1903, Gema muda-se para lá. A sra. Cecília, amiga íntima e profunda conhecedora da jovem, escreve ao Pe. Germano, com o coração sangrando:

> Esta manhã vi-me obrigada a levar Gema para outra casa. Foi para ela uma autêntica tortura interior, Padre! Chorava como uma Madalena e dizia-me:
> – Por que me mandas embora? Preciso tanto de ti! Por que me abandonas?... Jesus, farei também este enorme sacrifício.
> Pobre Gema, como se sente abandonada por todos!

Gema vive, então, momentos de profundíssima depressão, os quais estão refletidos nas *Cartas* desse período. Como exemplo, está a datada de 26 de janeiro:

> Padre, sinto-me muito mal... Tusso continuamente, doem-me os pulmões, tenho vômitos... Acredite, Padre, que minha vida e meus dias são um verdadeiro mistério. Que fazer para manter a paz interior, no meio de tantas adversidades?... O inimigo está alerta, trabalha, não se cansa... E eu? Há já alguns dias que não comungo. Pensam que a Comunhão me pode fazer mal à saúde!

O êxtase da Eucaristia

Gema não pode comungar. Isso lhe é proibido. Que grande desgosto, uma vez que a Eucaristia sempre foi sua alegria e sua vida! Agora é que ela necessita comungar para vencer o inimigo que tenta perturbar a sua paz!

Nas *Cartas* ao Pe. Germano, pode-se encontrar o relato seguinte, o qual é datado de 26 de janeiro de 1901:

> É noite ainda... Aproxima-se a madrugada. Vou receber Jesus! Jesus vai-me possuir e eu possuí-lo a ele. Terei eu merecido uma tal felicidade? Não! Certamente que não! Jesus, único objeto do meu carinho, desejo morrer depois de te ter recebido! Oh! que felicidade para mim poder morrer durante o êxtase da Sagrada Comunhão!... Jesus, meu único amor, espero por ti... muito em breve!

Para Gema, a Sagrada Eucaristia não é um simples momento de devoção, mas sim a doce brisa que aviva as brasas do seu amor. A sra. Cecília acompanhava-a sempre à igreja para arrancá-la da mesa eucarística, a fim de não a deixar entrar em êxtase. Levava-a para um lugar isolado, deixando-a ali em profunda adoração, totalmente isolada do mundo exterior. A devota jovem narra ao Pe. Germano a experiência a seguir, a qual está relatada nas *Cartas*:

> Não sei que interpretação dar ao que lhe vou contar. Sábado passado, quando me encontrava diante de Jesus Sacramentado em exposição, quis aproximar-me o mais possível do altar, e senti como se algo me queimasse a cabeça e o rosto... Não compreendo como tantas pessoas, que estão tão próximas dele, não se abrasem no fogo divino do seu amor. A mim me parece que, se permanecesse ali um quarto de hora, ficaria reduzida a cinzas.

Quando vai sozinha à igreja, Gema tem de sair rapidamente para não entrar em êxtase e evitar que se divulguem seus fenômenos extraordinários. Em sua vida, ela nunca procurou a espetacularidade nem se deixou envolver por qualquer doentia afetação.

Buscou sempre e exclusivamente o amor. Em seus *Êxtases*, vale destacar o arrebatamento ocorrido em 1902, em que exclama:

> Nas academias celestes só se aprende a amar. A escola é o cenáculo; o professor és tu, Jesus; a doutrina é o teu corpo e sangue... A mim não me deste riquezas temporais e perecíveis, mas deste-me a verdadeira riqueza... Sei muito bem que, para ser digna do céu, queres que te comungue na terra.

De tudo o que foi dito, podemos facilmente entender a grandeza da dor indizível, que se esconde nesta queixa: "Há dois dias que não comungo, Jesus!".

Entre o amor e a esperança

Em meados de fevereiro de 1902, escreve ao Pe. Germano:

> Recomenda-me a paz, e, embora os que me veem pensem que a não possuo, isso não é verdade. Estou em paz! Se me mostro séria e taciturna, isso é só exteriormente. No meu interior gozo da verdadeira paz..., e muito maior será quando o meu pecador se converter... (*Cartas*).

Gema esquece-se de si mesma, mas não de que é vítima nem de que é a responsável pela conversão de um pecador, o último que carrega às suas costas, como ela mesma afirma. De fato, ele se converte na Quinta-feira Santa, dia 9 de abril, dois dias antes da morte de nossa heroína.

A enfermidade de Gema progride inexoravelmente. No dia 18 de março de 1903, em suas *Cartas*, escreve pela última vez ao Pe. Germano. Seu texto representa verdadeiramente uma espécie de colóquio extático com a Virgem Maria, a quem sempre amou com afeto filial:

Mãe querida, o meu destino é lutar sempre, mas sinto-me feliz. Situada entre o amor e a esperança, abandono-me em Deus... Minha Mãe, sabes que não me encontro muito bem. Minha vida apaga-se lentamente... Assaltam-me horrorosos pensamentos... Ó doce Mãe, viva Jesus! Em breve Jesus concederá o seu amor à mais ingrata de suas criaturas! Padre (Germano), pede a Jesus por mim... Quero partir em breve para o Paraíso... Não posso ficar mais tempo neste mundo.

As últimas palavras saídas de sua pena como que resumem o ideal de sua vida: "Amar Jesus e voar com ele ao Paraíso". Fora esse o seu desejo desde a infância.

Os sofrimentos de seu espírito aumentam de intensidade nos últimos dias de sua vida. O demônio procura levá-la ao auge da tentação, assaltando-a com o terrível pensamento de "desesperar da própria salvação". Ela se vê obrigada a chamar o Côn. Antônio Estêvão, com quem faz uma confissão geral, recuperando a paz interior.

Nos derradeiros momentos, nunca a deixam só. A sra. Cecília a visita diversas vezes ao dia. Também Eufêmia, Anita e suas tias vão vê-la frequentemente. À noite, as Irmãs Barbantinas tomam conta dela.

Desprendida de tudo o que é terreno, Gema parece ter caído em um estado de terrível indiferença e insensibilidade. Diante do dramático estado da jovem, a sra. Cecília sente alguns remorsos e deixa escapar o seguinte queixume:

– Gema, pouco pude fazer por ti, mas fiz tantos sacrifícios...
– Mas... o que diz? Se a alguém amei verdadeiramente neste mundo, foi a ti... – e irrompeu em um enorme pranto, a tal ponto que a sra. Cecília procurou consolá-la:
– Gema, não falemos mais nisso.
– Sim, resta-me apenas preparar-me para morrer. Já fiz a Deus a renúncia de tudo.
– Também renunciaste ao Pe. Germano?
– Sim, também ao Pe. Germano.

"Jesus, não posso mais"

Certo dia no convento, encontrando-se sobremaneira esgotada, Gema confessa que não aguenta mais. A Irmã que estava de serviço recorda-lhe que, com a graça de Deus, sempre se consegue mais alguma coisa... Dali em diante, se alguém mostrasse admiração pela grandeza de seus sofrimentos, ela respondia prontamente: "Com a ajuda de Jesus, ainda posso um pouco mais...".

No dia 8 de abril, Quarta-feira Santa, entra em profundo êxtase. Ao voltar a si, diz à Irmã Barbantina que a acompanhava: "Irmã, se pudesses ver o que Jesus me mostrou agora, como serias feliz!".

No mesmo dia recebe o Santo Viático. Entre outras pessoas, está sua irmã Ângela, que se lança aos pés de Gema e lhe pede perdão. O Pe. Angeli, que tinha trazido o Santo Viático, a repreende: "Este não é momento de dar espetáculo". A jovem, porém, pega na mão de sua irmã e lhe diz: "Temos todos uma alma para salvar. Lembra-te de que todos temos de passar por um momento como este, e tu também. Eu rezarei por ti. Procura ser boa e reza por mim".

Na Quinta-feira Santa, Gema fica em jejum para poder comungar. Ao chegar a Sexta-feira Santa, tem início o desenlace final. Ela pede à sra. Cecília: "Não me abandone até eu ficar cravada na cruz, porque Jesus sempre me disse que todos os seus bons filhos devem morrer crucificados...". Depois, estende os braços e fica imóvel. A sra. Cecília dirá mais tarde ao Pe. Germano: "Naquele momento, vi como que a imagem de Jesus agonizante!".

Entre Sexta-feira Santa e o Sábado Santo, ela recebe a visita de Mons. Volpi. Ao sentir-se assaltada brutalmente pelo demônio, pede-lhe o exorcismo, mas o Monsenhor não a atende por julgar que tudo é fruto de seu estado febril.

No dia 11 de abril, Sábado Santo, às 8 horas, o Pe. Andreuccetti, pároco de Luca, ministra-lhe novamente o Santo Viático. Pouco depois, outro sacerdote, o Pe. Luis Carnicelli, ministra-lhe de novo a Santa Unção. Ao meio-dia, o Pe. José Angeli absolve-a pela última vez. Em certo momento, Gema pega no crucifixo e pronuncia as palavras: "Jesus, não posso mais. Se for a tua vontade, leva-me para junto de ti!".

Eleva, em seguida, o olhar para um quadro da Virgem Maria e, com um sopro de voz, suplica: "Minha Mãe querida, entrego--te a minha alma. Diz a Jesus que tenha misericórdia de mim".

Às 13h45, Gema inclina a cabeça sobre o ombro da sra. Justina. Rolam de seus olhos duas grandes lágrimas; em seguida, parte docemente para a Casa do Pai, dando pleno cumprimento à sua missão de "vítima de Jesus Crucificado".

Gloriosa Santa Gema Galgani, intercede por nós diante de Nosso Senhor Jesus Cristo!

"PARAÍSO, PÁTRIA MARAVILHOSA"

Reprodução fotográfica do quadro de santa Gema Galgani descerrado no dia da sua beatificação, na Basílica de S. Pedro.

Gema é uma "filha da paixão"

O trecho seguinte foi extraído das *Cartas*. Escrito por Gema no dia 21 de maio de 1901, dois anos antes de seu falecimento, está endereçado à amiga Armellini:

Paraíso, Paraíso! Oh, quem me dera alcançá-lo quanto antes!...
Já estou aborrecida de viver na terra. É um tão grande martírio
para mim ter de viver cá em baixo, separada de Jesus, que quase
já não consigo manter-me viva...
Paraíso, Paraíso! Pátria maravilhosa onde, por um pouco de
amor que damos a Jesus, ele nos recompensa com seu amor
infinito. Ser-me-á concedido um dia ir gozar para sempre
com Jesus?

Com a idade de 25 anos e um mês, Gema Galgani acaba de
partir para junto de Jesus – a água cristalina que jorra até a vida
eterna. Na terra, permanecem seus despojos; no céu, contempla
a luz divina por que tanto ansiara: "Parece que vi como que três
Pessoas envolvidas numa luz imensa" (*Cartas*).

Próximo a seu corpo inerte, ardem duas velas, símbolo da
luz do seu espírito. O pároco de Luca, Pe. Andreuccetti, manda
revesti-la com o hábito passionista, porque ela é uma "filha da
paixão". Nas mãos, carrega um crucifixo e, ao peito, o terço
de sua avó. É uma presença verdadeiramente angelical a dessa
jovem, que inspira paz e confiança, mesmo após o falecimento! As pessoas sentem-se bem velando o seu corpo. Carlitos, o
preferido de Gema, traz um ramo de flores, que coloca aos seus
pés. Gabriel, o caçula dos Giannini, beija-a na fronte. Eufêmia,
por sua vez, apressa-se em avisar o Pe. Germano, enviando-lhe
o seguinte telegrama: "Gema morreu. A tia (sra. Cecília) está
fora de si, com a dor. Que faremos sem ela? Onde encontraremos
consolo para tão grande perda? Eufêmia".

No dia seguinte, seu corpo foi depositado em um sepulcro
escavado na terra virgem. Sua via-sacra termina, como a de
Jesus, em um "sepulcro novo". Bem longe, na distância linda
do nosso imaginário cristão, ouvem-se os sinos do Domingo de
Páscoa: "Este é o dia que o Senhor fez!". Gema está com Jesus
no Céu! Glória! Aleluia!

Ao saber do ocorrido, o Pe. Germano desloca-se até Luca, aonde chega no dia 26 de abril de 1903. Pouco tempo depois, procede-se à exumação do corpo, sendo-lhe extraído o coração, o qual, para admiração de todos os médicos presentes, mostra-se "flexível, fresco, rubro e cheio de sangue, como se estivesse em um corpo ainda vivo".

O coração de Gema Galgani conservou-se durante muito tempo em um lindo relicário, na Casa Geral dos Missionários Passionistas, em Roma. Hoje está localizado no famoso e concorrido Santuário de Santa Gema, em Madri, aos cuidados dos Missionários Passionistas, sendo objeto de grande devoção por parte de milhares de fiéis.

GLÓRIA E MISSÃO

Frasco partido, perfume vertido

O Pe. Germano aproveita seu deslocamento a Luca para fazer uma primeira reunião de dados acerca de Gema Galgani, entre os quais incluíram o caderno em que Eufêmia registrava os êxtases, o livro de autobiografia de Gema, que desapareceu e voltou a aparecer marcado com vestígios de fumo, numerosas cartas e depoimentos de testemunhas oculares ou presenciais.

Sem perder tempo, o Pe. Germano começa logo a trabalhar na elaboração da *Biografia de Gema Galgani*, que é publicada em 1907, em Roma. O Pe. Pedro Quillici, que teve o privilégio de batizá-la, compromete-se a pagar as primeiras edições dessa *Biografia*. Em dois anos, esgotam-se cinco edições, em um total de 55 mil exemplares! Em 1909, quando preparava a sexta edição do livro, o Pe. Germano foi chamado pelo Senhor para junto de sua morada.

Mas o bom Missionário Passionista não se limitou somente a escrever a *Biografia de Gema Galgani*. Foi o responsável também pela impressão de uma seleção de *Cartas* da jovem, de seus *Êxtases* e de uma *Biografia abreviada*. Todos esses volumes constituíram grandes êxitos editoriais.

Em 1907, em Luca, têm início as primeiras diligências para a introdução do processo de canonização de Gema Galgani. Foi somente nessa ocasião que os habitantes da pequena cidade italiana perceberam que nela viveu uma santa. Passaram tantas vezes a seu lado, sem descobrir a grandeza de alma daquela humilde jovem!

Contudo, surgem opiniões divergentes em relação à pertinência da introdução do processo de canonização. Alguns julgam que se trata de perda de tempo. Muitos a recordam como menina piedosa e exemplar, mas ser digna dos altares?... Há, contudo, testemunhos fidedignos que vão delineando a grandeza de espírito, a pureza de sua vida, sua oferta como vítima do Senhor, seu ardente amor a Jesus, mesmo em meio ao maior sofrimento e miséria.

A fama de santidade de Gema espalha-se rapidamente por toda a Itália, de tal modo que o Pe. Germano – autor da sua primeira *Biografia* – começa a receber centenas de cartas de pessoas de diversas categorias sociais: simples fiéis, sacerdotes, cardeais, bispos e do próprio Papa Pio X. Todos compartilham do mesmo sentimento da devoção e admiração pela jovem heroína. O Papa Pio X chega a questionar o Pe. Germano sobre a veracidade dos fatos e escreve acerca de Gema, pois julga que se trata de algo realmente admirável e excepcional. Alguns pregadores começam a usar passagens da *Biografia* em seus sermões, para incitar os fiéis a uma prática mais fervorosa de vida cristã.

"O que se humilha será exaltado"

A morte imprevista e repentina do Pe. Germano e posteriormente a Primeira Guerra Mundial (1914-1918) contribuem para o atraso do andamento das formalidades para a introdução oficial do processo de canonização de Gema Galgani. No dia 28 de abril de 1920, o Papa Bento XV assina o decreto que introduz "oficialmente" a causa de beatificação e canonização. Em 29 de novembro de 1931, após minucioso estudo acerca da vida, dos escritos e dos milagres de Gema, o Papa Pio XI assina o decreto de *Declaração da heroicidade das suas virtudes*.

No dia 24 de dezembro desse mesmo ano, morre a sra. Cecília, testemunha privilegiada das virtudes de Gema. Alguns meses antes, falecera Mons. Volpi, seu conhecido confessor.

No dia 14 de maio de 1933, o Papa Pio XI procede à beatificação da jovem heroína. Esse acontecimento coincide com a celebração do Ano Santo da Redenção, em cujo contexto Gema Galgani aparece diante do mundo como fruto glorioso do sangue redentor de Cristo. Presentes à cerimônia, realizada na Basílica de São Pedro, estão quase todos os integrantes da família Giannini, além de Angelina Galgani e a Irmã Júlia Sestini. Finalmente, no dia 2 de maio de 1940, durante a Segunda Guerra Mundial, o Papa Pio XII canoniza aquela que será a primeira santa do século XX. Entre as pessoas presentes ao ato, estão novamente quase todos os membros da família Giannini, Angelina Galgani e a Irmã Júlia Sestini, que presta, assim, homenagem a sua humilde aluna a quem apelidara de "soberba"!

Atualmente, os restos mortais de Gema descansam na linda igreja do mosteiro das Irmãs Passionistas de Luca, recentemente restaurada.

As Irmãs Passionistas de clausura que, durante a vida da jovem, contavam apenas com um convento na Itália e dois na França, estão hoje espalhadas por 35 países, radicados nos vários continentes.

Em 1939, Eufêmia Giannini deixa o convento passionista de Luca para fundar o Instituto das Irmãs de Santa Gema. Falece em 1971. Atualmente, seu processo de canonização está em bom andamento. O processo de canonização do Pe. Germano também está bem encaminhado.

Pelo que é lícito, podemos pensar que, talvez um dia, iremos venerar nos altares a admirável Gema Galgani, sua amiga Eufêmia Giannini e seu diretor espiritual, Pe. Germano.

Missionária no céu

Jesus convidou Gema a ser vítima de expiação pelos pecadores, missão que aceitou de boa vontade. Continuou essa tarefa no céu, como o demonstrou a conversão de seu irmão Heitor.

Ao ver seu comportamento condenável e que cada vez mais se afastava de Deus, Gema pediu para ele "pobreza e tribulação". Esta não parece ser uma súplica muito fraterna, mas ela sabia que esse era o único caminho para a conversão dele.

De fato, após estabelecer-se no Brasil como imigrante, Heitor perdeu toda a riqueza. Passou a residir em Araraquara, cidade situada no interior do estado de São Paulo. Com seu trabalho, conseguiu angariar uma pequena fortuna. Casou-se somente no civil, e não queria saber de Deus nem de religião. Gema faleceu com a dor de não ter mais nenhuma notícia dele.

Posteriormente, por desígnios da Providência, um imigrante italiano trouxe ao Brasil uma imagem de Gema Galgani, que foi parar nas mãos de Heitor. Este mandou fazer um lindo caixilho onde colocou a imagem, não porque era santa, mas simplesmente por ser sua irmã.

Em 1923, os padres redentoristas pregaram uma missão em Araraquara. O diretor da missão era o Pe. Zartman, acompanhado por outros missionários mais jovens. Após os primeiros quatro dias, a missão parecia destinada ao fracasso.

Certo dia, o Pe. Zartman, ao visitar os doentes, foi à casa de Heitor, que também estava gravemente enfermo. Olhando em volta, deparou-se com a imagem de Gema Galgani, por quem nutria especial devoção. Heitor informou-o acerca de seu parentesco com a serva de Deus. O bom missionário ficou espantado, e não entendia como aquele homem, tão indiferente às coisas de Deus, podia ser irmão de uma santa! Ele lhe relatou aspectos de sua vida de heroicas virtudes, dos fenômenos extraordinários que nela se operaram e dos milagres que Deus estava realizando por sua intercessão. O enfermo ficou estupefato diante de tais revelações e pensou: "Minha irmã é uma santa, e eu ando tão afastado da Igreja?!".

Tocado pela graça divina, decidiu imediatamente entrar na igreja. Naquele momento, as pessoas ficaram assombradas, pois nunca imaginaram ver na casa de Deus aquele revolucionário que tantos crentes desviara da fé! Ele se ajoelhou, fez a preparação conscienciosa para a confissão e confessou-se, mostrando que estava muito compungido de suas faltas. Desde aquele dia, a igreja começou a encher-se de fiéis, e a missão acabou por ter um êxito retumbante!

Em 1927, faleceu Heitor Galgani, na paz de Deus. Quantos iguais a ele não terão alcançado a paz divina por intercessão da gloriosa Gema Galgani?

A devoção a Santa Gema Galgani

Apesar de ser italiana, não é somente em seu país de origem que são reconhecidos os méritos, as virtudes e os efeitos da poderosa intercessão de Santa Gema Galgani. Ela é conhecida, amada e venerada nos quatro cantos do mundo, sobretudo pela profundidade de sua experiência mística e pela radicalidade de sua entrega a Jesus.

Na Espanha, sobretudo nos últimos anos, sua mística e devoção têm sido amplamente espalhadas, em virtude de um trabalho verdadeiramente notável realizado pelos Missionários Passionistas radicados no país. São muitas as igrejas e capelas espanholas onde é venerada a imagem de Santa Gema Galgani, dentre as quais pode ser destacada a Catedral de Almeria.

Mas sua devoção naquele país está radicada, sobretudo, à volta dos conventos dos Missionários Passionistas, que erigiram lindos santuários em sua honra (Madri, Barcelona, Corunha, Valência, Santander), nos quais, no dia 14 de cada mês, se verifica uma extraordinária afluência de fiéis. O Santuário de Santa Gema, em Madri, onde hoje se conserva seu coração, é um centro espetacular de devoção a nossa jovem heroína, cuja dimensão só poderá ser totalmente verificada por aqueles que o visitarem!

Por outro lado, os Missionários Passionistas espanhóis têm espalhado a devoção a Santa Gema Galgani na América Latina, onde estão implantadas muitas de suas missões. Isso sem falar do trabalho dos institutos religiosos femininos similares aos dos Missionários Passionistas, que procuram o sentido de sua mística e seu estilo de vida no exemplo e nos escritos de São Paulo da Cruz.

Em toda a parte, Santa Gema tem sido tema de muitos estudos teológicos e místicos. Recordamos aqui apenas um dos mais significativos: o Congresso Internacional de Luca, em 1978, por ocasião do primeiro centenário de seu nascimento, subordinado ao tema *Mística e misticismo, hoje*, que compreendeu 16 longas conferências e 54 comunicações.

Em 1990, comemorou-se o primeiro cinquentenário da canonização da nossa Santa. No dia 16 de outubro do mesmo ano, o Papa João Paulo II endereçou uma *Carta* ao Superior-geral dos Missionários Passionistas, Pe. José Orbegozo, na qual se pode ler:

> Santa Gema Galgani participou de uma maneira mística muito particular na paixão de Cristo, regozijando-se por poder considerar-se "um rebento de suas chagas". Ardendo de amor pelo Crucificado, ofereceu-se como vítima pela conversão dos pecadores.

Não resistimos à tentação de reproduzir uma breve passagem da carta de Santa Gema, que se conserva em seu santuário, em Barcelona:

Sofro, vivo e morro ao mesmo tempo, mas não trocaria a minha vida por nada nesse mundo. Desejaria voar, falar e gritar para que todos ouvissem: "Amai só a Jesus!".

Uma interpelação e um apelo

Os Missionários Passionistas e os institutos religiosos femininos a eles relacionados têm sido, de fato, os grandes divulgadores da devoção a Santa Gema Galgani no mundo.

Em Portugal, a devoção começou a ser fortemente implantada a partir da publicação da tradução do original italiano da *Biografia da Serva de Deus Gema Galgani*, do Pe. Germano de Santo Estanislau. O responsável pela obra foi o Pe. Matos Soares, cujo *Imprimatur* foi dado pelo bispo do Porto, D. Antônio Barbosa Leitão, em 18 de abril de 1923. Em 1958 foi lançada outra publicação, com o título *Santa Gema Galgani*, pela Irmã Gesualda, ss.

Vale realçar ainda o trabalho de divulgação da devoção a Santa Gema Galgani, que ficou a cargo das Confrarias da Paixão de Braga e Barroselas, das Missões Populares Passionistas e dos Missionários Passionistas em Portugal.

Recorda-se com saudade o trabalho de propagação da devoção a Santa Gema iniciado pelos Missionários Passionistas nos Arcos de Valdevez, quando foram aí radicados temporariamente. Hoje sua veneração é, de fato, conhecida, mas quase exclusivamente em âmbito interno. Há, contudo, algumas imagens nas igrejas abertas ao culto público.

Santa Gema no Brasil

No Brasil, Santa Gema é conhecida, sobretudo, como a Padroeira dos Farmacêuticos, porque ela era filha do honrado farmacêutico de Luca, e porque, ao ficar órfã também de pai, aos 19 anos, foi acolhida como filha adotiva pelo sr. Giannini, também farmacêutico.

No dia 12 de abril de 1945, a União dos Farmacêuticos de São Paulo entronizou a imagem de Santa Gema como Padroeira da Farmácia. Em 1951, a Associação Católica dos Farmacêuticos de São Paulo, o Conselho Regional de Farmácia do Estado de São Paulo e as Faculdades de Farmácia de São Paulo promoveram a entronização da imagem de Santa Gema em inúmeros estabelecimentos do ramo farmacêutico (farmácias, drogarias e laboratórios de análises clínicas).

Há também muitas igrejas no país dedicadas a ela, o que mostra que sua popularidade tem crescido cada vez mais.

Que Santa Gema reze por nós, para que estejamos sempre a serviço da vida!

ANEXO
ORAÇÃO A SANTA GEMA GALGANI
(Para obter êxito em provas e exames)

Senhor, a tua sabedoria a todos causou espanto, quando, menino ainda, te ouviram falar no Templo; e quando, mais tarde, ensinavas as multidões que te seguiam, respondendo com acerto aos que se opunham à tua doutrina.

Pela tua infinita bondade, dotaste Santa Gema, por cuja intercessão a ti hoje recorro, de uma capacidade própria para o estudo, que ela soube aproveitar responsavelmente.

Também a mim me concedeste a capacidade suficiente para progredir na ciência. Por isso te dou graças, Senhor. E, agora, particularmente te peço que a minha prova... (mencione neste momento a prova que vai realizar) decorra segundo o meu desejo e mérito.

Que meus êxitos nos estudos sirvam para glorificar-te, para alegrar meus pais e suscitar neles o sentimento de gratidão, para eu melhor poder ajudar o meu próximo e, também, como estímulo em minha caminhada e preparação do meu futuro.

Espero, Senhor, por intercessão de Santa Gema, obter essas graças como ela as alcançou de ti, que vives e reinas com o Pai na unidade do Espírito Santo. Amém.

Pai-Nosso, Ave-Maria, Glória.

ORAÇÃO
(Composta por Santa Gema)

Eis-me aqui, Senhor, de joelhos, a vossos pés, para vos manifestar o meu reconhecimento e gratidão pelas contínuas graças que me concedeis. Sempre que vos invoco, me atendeis; cada vez que a vós recorro, me consolais.

Como exprimir-vos, Senhor, toda a emoção que me vai na alma? Por tudo vos dou graças, mas, se for do vosso agrado, esta particular graça vos peço ainda que me concedais... (mencione a graça que deseja obter).

Dirijo-vos esta súplica, Senhor, porque sois Todo-poderoso. Tende piedade de mim! Que em tudo se faça a vossa santíssima vontade.

Pai-Nosso, Ave-Maria, Glória.

Rua Dona Inácia Uchoa, 62
04110-020 – São Paulo – SP (Brasil)
Tel.: (11) 2125-3500
http://www.paulinas.com.br – editora@paulinas.com.br
Telemarketing e SAC: 0800-7010081